Políticas de educação, gênero e diversidade sexual
Breve história de lutas, danos e resistências

Políticas de educação, gênero e diversidade sexual
Breve história de lutas, danos e resistências

Cláudia Vianna

Cláudia Vianna

autêntica

Copyright © 2018 Programa de Educação para a Diversidade – ProEx/UFOP
Copyright © 2018 Autêntica Editora

COORDENADORA DA SÉRIE
CADERNOS DA DIVERSIDADE
Keila Deslandes

CONSELHO EDITORIAL
Adriano Nascimento – UFMG
Alcilene Cavalcante de Oliveira – UFG
Carla Cabral – UFRN
Érika Lourenço – UFMG
Keila Deslandes – UFOP
Mônica Rahme – PUC Minas
Richard Miskolci – UFSCar

EDITORAS RESPONSÁVEIS
Rejane Dias
Cecília Martins

REVISÃO
Lúcia Assumpção

CAPA
Alberto Bittencourt
(Sobre ilustração de Kubko/
Shutterstock)

DIAGRAMAÇÃO
Waldênia Alvarenga

Dados Internacionais de Catalogação na Publicação (CIP)
(Câmara Brasileira do Livro, SP, Brasil)

Vianna, Cláudia
  Políticas de educação, gênero e diversidade sexual breve história de lutas, danos e resistências / Cláudia Vianna. -- 1. ed.; 1. reimp. -- Belo Horizonte: Autêntica Editora, 2020. -- (Série Cadernos da Diversidade)

  Bibliografia.
  ISBN 978-85-513-0396-2

  1. Diversidade 2. Diversidade sexual 3. Educação 4. Identidade de gênero 5. Política educacional 6. Relações de gênero I. Título. II. Série.

18-19194   CDD-371

Índices para catálogo sistemático:
1. Gênero e diversidade sexual : Política educacional 371

Iolanda Rodrigues Biode - Bibliotecária - CRB-8/10014

GRUPO **AUTÊNTICA**

Belo Horizonte
Rua Carlos Turner, 420
Silveira . 31140-520
Belo Horizonte . MG
Tel.: (55 31) 3465 4500

São Paulo
Av. Paulista, 2.073 . Conjunto Nacional
Horsa I . 23º andar . Conj. 2310-2312
Cerqueira César . 01311-940 . São Paulo . SP
Tel.: (55 11) 3034 4468

www.grupoautentica.com.br

Sumário

Apresentação 7

Introdução 11

Capítulo 1
Lutas por educação: gênero, identidade coletiva e organização de mães de alunas/os 31

    Mães de alunas/os e professoras: uma aliança possível? 39

    Organização docente e de mães: entre desacordos e alianças 42

Capítulo 2
Lutas por educação: gênero, identidade coletiva e organização docente 51

    Organização sindical do magistério paulista e estruturação da APEOESP 54

    Entre a ampliação da luta e perdas salariais crescentes 57

    Gênero e identidade coletiva como base para a análise da organização docente 60

Capítulo 3
Políticas de educação, gênero e
diversidade sexual: início de uma trajetória.......................71

    A Constituição Federal de 1988 e o gênero nas
    proposições de políticas federais para educação......72

    O caráter velado *versus* a menção
    explícita ao gênero nos documentos...........................77

Capítulo 4
Políticas de educação, gênero e
diversidade sexual: entre lutas, danos e resistências......79

    Demandas de gênero e diversidade
    sexual na educação: ganhos ampliados.......................80

    Demandas de gênero e diversidade
    sexual na educação: danos evidentes...........................90

Referências..98

Apresentação

Este livro apresenta a tese de livre-docência de Cláudia Vianna, compilando seus estudos desde o final dos anos 1980 até o momento. Suas discussões agregam contribuições posteriores, advindas de novas pesquisas e análises que permitiram adensar e atualizar sua tese. Assim, convida-nos a trilhar o processo de democratização da educação brasileira em sua intersecção com a produção das políticas educacionais de gênero e diversidade sexual, e seus desenlaces de lutas, danos e resistências.

O texto tem o mérito (e a ousadia) de situar esses embates desde a retomada dos resultados de sua investigação de mestrado, iniciada no final da década de 1980. Marcada pelas apreensões de uma década caracterizada pela revitalização dos movimentos sociais, mobilizações populares e associações sindicais, sua reflexão chama a atenção para as diversas formas de atuação de grupos organizados em favor da criação de espaços democráticos que culminam com a promulgação da Constituição de 1988. Oferecendo-nos instigantes ponderações sobre os desafios situados nas relações mais estreitas entre Estado e sociedade, fundamentadas em amplos aportes sociológicos, Vianna examina o processo de construção de uma cultura mais participativa na escola pública, assinalando as tensões e as rupturas pautadas pelas heranças autoritárias.

Essa aproximação das ações coletivas inseridas no sistema político demandou um longo trabalho de pesquisa para apreensão das trajetórias pessoais e coletivas dos e das protagonistas, apresentado no texto sobre a luta pela melhoria do ensino público e do conjunto, muitas vezes contraditório, de valores e representações presentes nas mediações políticas do processo de transição democrática.

Assim, o/a leitor/a também é convidado/a a percorrer sua gradual inserção nos estudos de gênero, uma vez que, conforme explana Vianna ao analisar o Movimento Estadual Pró-Educação

(MEPE), a convivência sistemática com as mulheres envolvidas no processo de democratização do ensino conjugava-se com a leitura de autoras que insistiam no caráter generificado de suas demandas, ações e práticas.

Essa parte do texto, centrada no caráter feminino do movimento examinado, aborda como a participação de mães foi viabilizada, e até justificada, por suas funções na esfera doméstica, por meio do apoio às atividades de seus maridos ao desempenharem o papel de esposa ou ao exercitarem as funções maternas e cuidarem da escolaridade dos filhos. Revela-se, no decorrer do texto, a organização de mães de alunas/os e professoras na tessitura das lutas por educação forjadas em alianças e desacordos.

Ao explorar a temática da organização docente paulista tendo como elemento central a ação coletiva de professores e professoras, a autora brinda-nos com uma acurada análise inspirada nos aportes teóricos que embasam a compreensão do comportamento coletivo, dos processos de participação política, dos novos movimentos sociais e da identidade coletiva, já adensadas com as contribuições do conceito de gênero. Isso permite refutar a tradicional divisão sexual do trabalho entendida como naturalização dos espaços que cabem a cada gênero, em que o público, o produtivo, a visibilidade e o valorizado seguem sendo um espaço importante reservado aos homens, enquanto o privado, não produtivo, invisível e não remunerado (pois se faz "por amor") seguem sendo um terreno obrigatório das mulheres.

Destacando o caráter socialmente construído do conhecimento científico ao longo dessa parte do livro, Vianna registra as dificuldades de constituição de um espaço público democrático no interior da instituição escolar, fortemente constituída por uma cultura androcêntrica, não só do ponto de vista da relação entre feminização do magistério, péssimas condições de trabalho, rebaixamento salarial e estratificação sexual da carreira docente, mas também da produção e reprodução de estereótipos de gênero nas relações escolares, em seus conteúdos e em suas práticas.

Outro debate que confronta lutas, danos e resistências é a emergência das políticas de educação, gênero e diversidade sexual. Inscrevendo o surgimento das tentativas de introdução do gênero e da sexualidade entre os temas a serem tratados pelo currículo escolar no início do século XX e sua visibilidade a partir de 1970, o texto traz análises para interpretar como as reformas educacionais percebem – ou negam – a inclusão da temática.

Ao pontuar e elucidar o caráter velado *versus* a menção explícita ao gênero, Cláudia Vianna destaca a visão ora ambígua, por vezes reducionista e/ou com a presença de estereótipos de gênero e sexualidade nos documentos examinados. Para tanto, examinou a Constituição Federal de 1988, a Lei de Diretrizes e Bases da Educação Nacional, nº 9.394/96, o Plano Nacional de Educação (PNE), Lei Federal nº 10.172/2001 e, ainda, o processo de elaboração do Referencial Curricular Nacional para a Educação Infantil (RCNEI) e dos Parâmetros Curriculares Nacionais (PCN) para o ensino fundamental, instrumentos tidos como referência para a construção do currículo, com base em uma perspectiva de gênero/sexualidade nas políticas públicas de educação no Brasil, visando à substituição do antigo currículo mínimo comum.

Ao buscar a reconstrução rigorosa dos processos de produção e circulação das políticas educacionais de gênero e de diversidade sexual, Vianna discute como a temática passou a ser reconhecida nos planos, programas e projetos, frisando processos que envolveram a negociação e a representatividade no governo de diversos atores políticos, inclusive como integrantes da própria organização administrativa. O resgate da agenda de gênero e diversidade sexual nas políticas de educação oferece contribuição relevante para que possamos compreender o longo caminho percorrido para a organização de novas agendas, posteriormente seguido pela institucionalização de várias dessas agendas. Sob um olhar crítico, buscou apreender diálogos e disputas, assim como as contradições presentes na negociação em torno das demandas do movimento LGBT.

Além disso, discorre e analisa os elementos que se agregaram às discussões da versão inicial do PNE (2014-2024) enviada ao Senado Federal, destacando em suas reflexões os caminhos tortuosos que resultaram na sua versão final, sancionada como lei que aprovou como meta o combate às desigualdades educacionais, referindo-se de forma genérica à erradicação de todas as formas de discriminação.

Privilegiando tais questões, suas reflexões ganham relevância para apreensão do contraditório processo das políticas educacionais no contexto brasileiro recente, e as ofensivas "antigênero", hasteadas nas bandeiras de grupos que exibem ideias conservadoras em prol de uma retirada do conceito de gênero de planos, projetos e demais documentos que circulam no âmbito educacional. Ao tentar impedir o debate público sobre gênero, *pari passu*, expõem determinadas maneiras de ver, pensar e sentir o mundo e as relações sociais carregando nas tintas da naturalização da opressão e perpetuação das desigualdades entre homens e mulheres – ideias avessas à pluralidade e a qualquer possibilidade de criar políticas que tenham como horizonte a superação de precariedades.

Assim, as argumentações de Cláudia Vianna – reunidas em cuidadosas escolhas de aportes teóricos e em análises concentradas e densas – contribuem para o conhecimento sobre políticas educacionais, gênero e diversidade sexual e também permitem arriscar algumas convicções. A imprescindível necessidade de combater os postulados que fazem do sexismo um essencialismo, respaldando as desigualdades na naturalização e na biologização de uma diferença construída socialmente e escolhida de forma arbitrária, seja nas políticas educacionais, seja nas escolas, e para além desses espaços. A tenacidade para anunciar e assumir um compromisso ético e político capaz de tornar impensável qualquer forma de violência, categoria ou prática capaz de edificar e transformar qualquer tipo de diferença humana em desigualdade.

Finalizada a leitura deste livro, é possível dizer que muito do que se fez (e se desfez) em termos da produção dessas políticas exige-nos vislumbrar forças e debilidades com coragem e serenidade. Pensando com Melucci (2004, p. 7), um dos autores eleitos por Vianna para suas reflexões, "aquilo que a larva chama de fim do mundo o mestre chama de borboleta".

Maria Cristina Cavaleiro
Doutora em Edução pela FEUSP

Introdução

Este livro apresenta a síntese de uma longa trajetória de pesquisa e análise sobre o processo de democratização da educação na intersecção com a produção de políticas públicas educacionais com base na perspectiva de gênero.[1]

O livro tem início com a retomada dos resultados de investigação de mestrado iniciada no final da década de 1980 e que carrega a marca e as preocupações de uma década caracterizada pela revitalização dos movimentos sociais, mobilizações populares, associações sindicais, chamando a atenção para as diversas formas de atuação de grupos organizados em favor da criação de espaços democráticos e que culmina com a promulgação da Constituição de 1988. Essa reflexão tem como ponto de partida o diálogo com estudos nascidos no final da década de 1970 e desenvolvidos ao longo de toda a década de 1980, todos eles voltados para a compreensão dos chamados novos movimentos sociais urbanos[2] e suas demandas, em particular as lutas pela democratização do acesso à educação pública e pela garantia de qualidade. Esse campo de investigação, estimulado por vários estudiosos no Brasil como Maria Malta Campos (1982, 1991), Marilia Sposito (1984, 1988) e tantos outros, mostrava que a prática dos movimentos por educação estava impregnada de valores e formas de ações coletivas construídas desde 1970 e que, apesar

---

[1] Agradeço o apoio financeiro da FAPESP e da CAPES nos anos 1988 e 1999, e do CNPq, de 2007 até o momento, garantindo a realização das pesquisas aqui mencionadas.

[2] O uso do adjetivo "novo" era questionado por alguns autores no Brasil (JACOBI, 1990), mas expressava a tentativa de caracterizar os conflitos, próprios da sociedade pós-industrial, programada ou informacional com destaque, na análise, para outros componentes da ação social, indicando a distância entre os novos movimentos sociais originados na chamada sociedade civil ou no mundo da vida – para usar um conceito de Habermas (1987) – e a esfera do trabalho, como é o caso do movimento de mulheres, o movimento ecológico, pacifista, étnico, entre outros (CASTELLS, 1999; MELUCCI, 1983, 1987, 2001, 2004; TOURAINE, 1973, 1984).

das distinções existentes entre a atuação desses movimentos e os nascidos durante o processo de transição para a democracia no início dos anos 1980, era possível visualizar heranças daquelas práticas e valores: a procura de diagnóstico da situação das escolas pela própria população; o auxílio buscado junto a políticos de partidos de oposição para obter audiência com autoridades do Poder Público na área da educação.

Ao reconhecer com Ruth Cardoso (1988) o caráter relacional das identidades coletivas dos movimentos sociais no enfrentamento com seus diferentes interlocutores, entre eles o Estado, principal responsável pelo atendimento dessas demandas, procurei trabalhar com autores que contribuíssem para a discussão da concepção de Estado como relação social. Privilegiei a crítica à concepção monolítica de Estado e dei destaque à compreensão do caráter dinâmico e heterogêneo dessa relação social, que ao mesmo tempo produz e sofre as consequências econômicas e políticas herdadas do regime militar, reflete a luta não mais contra a ditadura, mas pela concretização de ideais democráticos (JACOBI, 1990; O'DONNELL, 1980, 1981; OLIVEIRA, F., 1988; POULANTZAS, 1980).

Influenciada por essa literatura, busquei apreender a identidade dos movimentos examinados ressaltando as diferenças entre eles, bem como entre seus integrantes; as distintas formas de interação com o Estado que demarcavam a relação com representantes do Poder Público no campo da educação (homens e mulheres com os mais diversos interesses políticos, econômicos e sociais); e a construção de reivindicações que buscavam respostas para a falta de acesso e para as condições objetivas de deterioração do ensino público, exigindo do governo providências urgentes e satisfatórias para o encaminhamento dos problemas. A união daqueles que lutavam pela educação e contra a repressão do regime militar, no primeiro momento da transição, foi substituída pela multiplicidade de interesses em tensão. Estes refletiam culturas políticas de participação diferenciadas cuja compreensão exigia a introdução de novas categorias de análise.

Minhas reflexões foram e ainda são marcadas pelos estudos europeus e nacionais da Sociologia da Educação[3] ao tecer relações

---

[3] Vale ressaltar a importância de trabalhos como os de Castells (1980), Touraine (1984) e, no âmbito do Brasil, de autorehs como Campos (1982), Sposito (1984, 1988), Telles (1987), Sader (1988).

mais estreitas entre Estado e sociedade. Ali já forjavam a busca de compreensão do processo de construção de uma cultura mais participativa na escola pública sem desprezar as tensões e, até mesmo, as rupturas pautadas pelas heranças autoritárias.

A entrada das chamadas classes populares nas escolas públicas e na discussão de propostas para sua melhoria era vista como tentativa de democratização do Estado, ou melhor, de uma de suas esferas. Nesse sentido, aproximava-se das ações coletivas inseridas no sistema político e exigia um longo trabalho de apreensão das trajetórias pessoais e coletivas dos e das protagonistas envolvidos/as na luta pela melhoria do ensino público e do conjunto, muitas vezes contraditório, de valores e representações presentes nas mediações políticas do processo de transição democrática.

Tal como ocorre em outras produções voltadas para a temática dos movimentos sociais, não atribuí, em minha investigação de mestrado, maior importância nem ao sexo de seus participantes, nem às características por ele imprimidas ao movimento. Porém, a convivência sistemática com as mulheres envolvidas no processo de democratização do ensino, bem como a leitura de autoras que insistiam no caráter generificado de suas demandas, ações e práticas possibilitaram a introdução de novas orientações teóricas. Captar a constituição da identidade do Movimento Estadual Pró-Educação (MEPE) nessa perspectiva, entre 1988 e 1990, não significou abandonar outras categorias inicialmente privilegiadas, mas sim integrá-las ao caráter de gênero que marcava a prática coletiva e as representações de mães e professoras.

Já no trajeto de investigação desenvolvido durante a confecção da tese de doutoramento, novos autores se somaram ao processo de apreensão do conceito de movimento social em suas muitas perspectivas. O diálogo abrangeu produções norte-americana, europeia e latino-americana.[4] As teorias do comportamento coletivo, da mobilização de recursos, dos processos de participação política

---

[4] As teorias clássicas (Escola de Chicago, alguns interacionistas como Blumer, as teorias sobre a sociedade de massas, a abordagem sociopolítica, a teoria da ação social de Parsons, Turner, Killian e Smelser, bem como as teorias organizacionais-comportamentalistas) e as teorias contemporâneas norte-americanas (mobilização de recursos e debates posteriores a ela relacionados) foram aos poucos cedendo lugar para um fértil

e dos novos movimentos sociais com base nas estratégias de mobilização que se desenvolviam em áreas de conflito dentro e fora da esfera institucional foram adensadas com a reflexão sobre identidade coletiva. Esse passou a ser um conceito central para tentar enfrentar o nó problemático, amplo e complexo, colocado pela tradição sociológica e formulado nos termos de Weber, Durkheim e Simmel, na relação entre indivíduo e sociedade, bem como na tematização da subjetividade do ator social, individual ou coletivo, do grau de liberdade de seu comportamento em relação ao condicionamento do sistema social.

O adensamento dessa reflexão exigiu o diálogo com filões teóricos importantes na elaboração do conceito de identidade sob a ótica da sociologia. Todos eles voltados para a defesa do caráter intersubjetivo e relacional da identidade, nos dizeres de George Mead (1934), no livro *Mind, Self and Society*. Essa defesa sustentou a base teórica sobre a qual se fundou o conceito de identidade coletiva e constituiu um ponto comum de convergência na abordagem desse tema. Nesse processo, o diálogo com Alberto Melucci e a leitura sistemática de suas produções descortinaram a possibilidade de interpretação dos movimentos por educação baseada na dinâmica da identidade coletiva como categoria sociológica.

Situado na interface entre a psicologia e a sociologia, Alberto Melucci foi um dos autores que mais contribuíram para a definição do conceito de identidade – processual e provisório – na análise das ações coletivas. Na mesma direção de Alain Touraine, Melucci aponta um novo campo de conflito, no qual os movimentos personagem[5] não eram mais os únicos, nem seriam tampouco caracterizados pela homogeneidade ou pela unidade. Contudo, o autor não negava a presença e a importância dos movimentos centrados no conflito gerado pelas relações de classes (MELUCCI, 1983, 1984). Segundo ele, a sociedade complexa[6] é marcada pela

---

diálogo com as teorias sobre ação coletiva, e para autores como Alain Touraine, Alberto Melucci e Manuel Castells.

[5] Denominação utilizada para os movimentos diretamente relacionados aos conflitos gerados no mundo do trabalho, cuja principal referência é o movimento operário.

[6] De acordo com Melucci (2001, 2004), a sociedade complexa supõe três importantes dimensões: espaços diferenciados com lógicas distintas nos quais os sujeitos devem atuar; variabilidade dos tempos em constante ressignificação dos valores e modelos de

descontinuidade, com significados novos e tradicionais que remetem às múltiplas formas de dominação e de controle.

O sociólogo e psicólogo italiano Alberto Melucci (1984, 1987, 2001) dialogava com as teorias da mobilização de recursos e das escolhas racionais e criticava, como Alessandro Pizzorno (1983), o que denominava um "quadro restrito" de análise, formulado com base em um comportamento dos atores baseado unicamente sobre o cálculo. Para ele, a identidade não seria fundada somente em interesses objetivos. Tampouco se tratava apenas de um dado, de uma espécie de essência fixa que exclui o processo de construção do ator coletivo, sua interação e negociação com o ambiente. Não mais expressão acabada de uma estrutura estável da personalidade, como dizia Parsons (1968), a identidade passa a ser compreendida como aberta, reflexiva, múltipla, diferenciada e tensionada por um embate contínuo entre expectativas elevadas, que a própria dilatação das possibilidades induz, e frustrações muito grandes diante da pouca capacidade de se atualizar diante dessa enorme complexidade. Também não seria objeto efêmero dependente exclusivo da aceitação e do reconhecimento das outras características da análise, seguindo Goffman. Desse modo, o autor elabora uma definição de identidade coletiva, também chamada por ele de identização, produzida por muitos indivíduos e caracterizada pela interação, pela negociação e pela necessária tensão característica desse processo (MELUCCI, 2004).

A complexidade da sociedade moderna não produziria, portanto, um nivelamento ou unidimensionalidade da cultura, mas sim uma multiplicação de códigos e modelos culturais. Mesmo

---

ação; alargamento das possibilidades de ação que ultrapassam a capacidade individual de satisfazê-las e condição permanente de incerteza. A elevada diferenciação do sistema social supõe, ainda, a intensificação do controle sobre indivíduos e grupos, para que o sistema não se desarticule. O controle deve intervir nas precondições da ação e na estrutura motivacional-cognitiva-afetiva dos sujeitos. Os conflitos se desenvolvem, especialmente, nas áreas que detêm a informação, porque o poder está situado na linguagem e no controle dos códigos que a organizam. Essa sociedade é marcada pela descontinuidade, com significados novos e tradicionais que remetem a múltiplas diferenças e à simultaneidade dos tempos históricos. O desafio colocado para as sociedades complexas é o de como relacionar diferenças, como manter juntos polos de uma relação de oposição e de complementaridade (homem/mulher; registro pessoal/registro político). Esses processos sociais podem ou não formar sujeitos coletivos.

quando a mídia torna tudo contemporâneo, diferentes "estratos geológicos da história humana" não deixam de coexistir; uma simultaneidade de tempos históricos, culturas e formas diferenciadas de exploração convivem entre si.[7] O desafio a ser enfrentado pelas sociedades contemporâneas é relacionar diferenças, manter juntos elementos de uma relação de poder e de almejada reciprocidade nas mais diversas esferas da realidade social.

A leitura desses aportes, com a necessária reflexão sobre a especificidade da realidade brasileira e a introdução dos embates em torno da democratização da educação como foco principal, permitiu a elaboração de minha tese de doutorado voltada para o exame da organização docente paulista tendo como elemento central a ação e a identidade coletiva, tema explorado no Capítulo 2.

O contexto dessa análise também passava por transformações. O período de abertura democrática do país na década de 1980, repleto de conquistas de direitos sociais, era tensionado pelas reorientações políticas sob a ótica neoliberal já no início da década de 1990. As mudanças na conjuntura política e econômica brasileira com a introdução de reformas neoliberais afetaram as políticas sociais voltadas para as populações mais pobres, justamente no momento em que diminuem as oportunidades de emprego e de geração de renda, provocando um quadro repleto de contradições: de um lado, a conquista de direitos sociais com a promulgação da Constituição Federal de 1988; de outro, reorientações políticas que levaram à restrição dos espaços públicos e democráticos e à redução de questões políticas a problemas técnicos, sob o argumento de má gestão, desperdício, falta de formação e inadequação dos currículos escolares nos diferentes níveis de ensino. Com o início do primeiro mandato de Fernando Henrique Cardoso, a conjuntura pautada por demandas e negociações em torno de direitos sociais sofre inflexão e intensifica-se a contradição entre os objetivos de melhoria das condições de vida e da população brasileira – previstos na Constituição de 1988 – e a adoção de reformas políticas de ajuste econômico. Sua lógica foi reformar sem aumentar as

---

[7] O autor desenvolve a exposição sobre a simultaneidade dos tempos históricos de maneira muito semelhante à definição de Lefebvre (1970).

despesas e, para tal finalidade, buscou adequar o sistema educacional às orientações e necessidades prioritárias da economia (ARELARO, 1997; SILVA JR.; SGUISSARDI, 1999).

Naquele cenário, minhas reflexões sobre a organização docente paulista passaram a indagar a respeito do tipo de ação coletiva construída por professoras e professores diante de um quadro de crise. A noção de crise foi utilizada para indicar tanto o declínio, ou seja, as dificuldades da organização docente, do refluxo das greves, da perda de fôlego do professorado, quanto as novas possibilidades do agir e da identidade coletiva que a sustentam.

A instabilidade econômica e a erosão das forças políticas somavam-se à crise no mundo do trabalho, que atingia as esferas pública e estatal mediante políticas de privatização e redução dos gastos do Estado com educação pública, dificultando, assim, a organização sindical docente. Entretanto, a crise do engajamento coletivo docente ou de sua fragmentação, na perspectiva adotada, carregava também sua mutação, contida nas redes de solidariedade e de pluralidades em tensão, que indicavam alternativas de organização docente e de configuração de sua identidade coletiva para além da forma sindical de atuação.

Nas análises realizadas no âmbito do doutorado e atualizadas em várias pesquisas e reflexões posteriores, os significados e as necessidades ligadas às relações de gênero se fizeram mais visíveis, uma vez que também constituíam essa reflexividade e essa diferenciação como parte da crítica a um ator genérico e universal. Tais ponderações exigiram o diálogo com novos recortes teóricos capazes de abarcar essa multiplicidade. E as respostas que procuraram ultrapassar esse universalismo revelaram o sexo do ator social, propondo uma alternativa metodológica que transformou os traços desvalorizados da alteridade feminina.

O tom de minhas ponderações iniciais, expressas no primeiro capítulo, centrou-se no caráter feminino dos movimentos examinados. A importância das relações de gênero ganhou visibilidade, especialmente por meio das análises dos movimentos de mulheres. O feminismo, como uma política contestadora da dominação masculina, passou a embasar a análise da presença das mulheres em ações coletivas como formas de resistência feminina ainda que não articuladas (CASTELLS, 1999).

Essa mudança pode ser exemplificada com a presença maciça, no MEPE, de mulheres, portadoras de reivindicações sociais pela melhoria da qualidade da educação pública. Muitas vezes, essa participação foi viabilizada, e até justificada, por suas funções na esfera doméstica, por meio do apoio às atividades de seus maridos, ao desempenharem o papel de esposa ou ao exercitarem as funções maternas e cuidarem da escolaridade dos filhos.

Em se tratando da docência, o processo de feminização do magistério passa a ser visto como um aspecto referente às relações de gênero presentes nas ações coletivas, organizadas ou não por mulheres. Esse processo expressa a divisão sexual do trabalho e a reprodução de um esquema binário que situava o masculino e o feminino como categorias excludentes e que dava sentido à história de professoras e professores e às suas práticas escolares.

A passagem do sexo ao gênero e a generificação do próprio sexo contaram com novas influências teóricas. De um lado, trilhei as pistas oferecidas pelos estudos feministas que procuravam minar o poder de um modelo explicativo calcado na imutabilidade das diferenças entre homens e mulheres e recorreu-se, em seguida, ao gênero para se referir à construção social das diferenças entre os sexos ao longo da história. Dos estudos sobre mulheres emergiram diferentes abordagens com temáticas próprias: a divisão sexual do trabalho; a subordinação das mulheres; a separação entre público e privado; a dominação masculina. De outro, fui fortemente influenciada pela produção da historiadora social americana Joan Scott,[8] que deu maior amplitude ao conceito de gênero como uma categoria analítica capaz de produzir conhecimento histórico.

---

[8] Como professora no Centro de Altos Estudos de Princeton, ela se especializa no movimento operário francês do século XIX e na história das mulheres e do feminismo. Influenciada por literatas pós-estruturalistas que estudavam Foucault, Derrida e Lacan, já na Universidade de Brown, em Rhode Island, Estados Unidos, publica o livro *Gender and the Politics of History* (SCOTT, 1988), no qual justifica o uso do gênero como categoria de análise para a História. O pós-estruturalismo é para a autora o corpo teórico que melhor permite analisar a construção de significado e as relações de poder que questionam as categorias unitárias e universais, justamente por "relativizar o estatuto do saber, vincular o saber ao poder e teorizar sobre eles operacionalizando a diferença" (SCOTT, 1994, p. 16). Alguns dos conceitos presentes nas proposições teóricas do pós-estruturalismo embasam sua proposta metodológica. São eles: linguagem, discurso, diferença e desconstrução. Para

No Brasil, esse campo de estudos era bastante recente e durante muito tempo foi denominado como sinônimo de estudos sobre a mulher. Hoje, sabe-se que não é possível pensar numa área de conhecimento cuja categoria de análise seja *a mulher*. A defesa do uso do conceito de gênero, acompanhando o debate internacional, passou a adquirir caráter relacional e a abarcar a definição e a estruturação das relações sociais, englobando as dimensões de classe, raça, etnia e geração na procura de apreensão das distintas formas de desigualdade. Além disso, o uso essencialista da expressão *a mulher* foi criticado por várias feministas, por pressupor uma identidade feminina universal. E ao conceito de gênero caberia exatamente a tarefa de problematizar os significados do que é ser mulher nos distintos contextos sócio-históricos (HARAWAY, 2004). Ou seja, ele é útil para questionar o fato de que em nossa sociedade as explicações sobre as diferenças entre homens e mulheres são fortemente qualificadas pelo sexo, com evidentes conotações biológicas e com forte intenção de produzir hierarquias que sustentem relações desiguais e de dominação no âmbito específico das relações sociais de gênero e na sua articulação com classe, raça, etnia e geração.

A elaboração desse conceito também recebeu e ainda recebe forte influência de diferentes áreas do conhecimento como Sociologia, Linguística, Psicanálise, Psicologia, História e Antropologia, responsáveis por demonstrar a variabilidade cultural dos comportamentos, aquisições e habilidades consideradas femininas e masculinas.

No final da década de 1980, grande parte dos estudos na área da educação no Brasil não incluía o recorte de gênero. Algumas publicações, como as de Cristina Bruschini e Tina Amado

---

ela, a "análise da linguagem fornece o ponto de partida para se entender como estão organizadas as instituições, como se vivem as relações de produção e como se estabelece a identidade coletiva" (SCOTT, 1992, p. 87). A grande questão que permanece é como produzir a análise das estruturas sem abandonar a referência à subjetividade dos sujeitos. Todavia, ao inserir-se nos pressupostos pós-estruturalistas, com sua ênfase sobre o caráter cultural das relações sociais, a autora defende a não separação entre as determinações sociais e os pensamentos e ações humanas e afirma que "os objetos de estudos são portanto fenômenos epistemológicos que incluem economia, industrialização, relações de produção, fábricas, famílias, classes, gêneros, ação coletiva e ideias políticas tanto quanto as categorias interpretativas de cada um" (SCOTT, 1994, p. 18).

(1988) e Fúlvia Rosemberg (1992), constatavam que as áreas de pesquisa sobre gênero e sobre educação se desenvolviam separadamente, sem levar em conta os avanços teóricos de parte a parte. No caso da investigação educacional, a presença majoritária das mulheres na composição do magistério subsumia-se à utilização do masculino genérico como referência às professoras (ROSEMBERG; PIZA; MONTENEGRO, 1990; ROSEMBERG; AMADO, 1992; ROSEMBERG, 1992, 1994).

Ao longo da década de 1990, a produção sobre o tema contou com o importante apoio da Fundação Carlos Chagas por meio dos Concursos de Dotações para Pesquisas. E a produção acadêmica na área da educação apresentou um crescimento ainda que tímido, como constatado por Fúlvia Rosemberg (2001) já no final da década, passando a exibir maior volume, seja de teses e dissertações, seja de artigos, a partir de 2000 (VIANNA; CARVALHO; SCHILLING; MOREIRA, 2011). Outros levantamentos mais recentes ressaltam o crescimento da produção acadêmica sobre gênero, sexualidade, diversidade sexual na área da educação (ABRAMOWICZ; GOMES, 2010; GULO, 2010; VIANNA, 2011; GONINI, 2014; MOKWA, 2014).

Nessa trajetória de produção, as reflexões contidas no livro *Gender and the Politics of History* (1988)[9] exerceram significativa influência nas críticas sobre educação no Brasil, bem como sobre o saber produzido acerca das diferenças sexuais e dos vários significados que esse conhecimento adquire nos distintos espaços de socialização, entre eles as instituições responsáveis pela educação.

As leituras de Joan Scott e Linda Nicholson foram de fundamental importância para a apreensão do conceito de gênero. Para Scott, o caráter fixo e binário da oposição entre significados masculinos e femininos era perpetuado por diversas teorias. O termo "sexo", ainda que problematizado pelas feministas à luz do marxismo, da psicanálise e de outras vertentes, carregava fortes associações biológicas, sucumbindo ao poder da tendência de pensar a identidade sexual como dada, como básica e comum para além das culturas.

---

[9] Existem traduções de partes do livro de Scott: "Gênero, uma categoria útil de análise histórica", *Educação & Realidade* (1990, 1995), e "Prefácio a *Gender and the Politics of History*", *Cadernos Pagu* (1994). Seu primeiro livro publicado no Brasil foi *La citoyenne paradoxale* (2002), lançado em 1996 nos Estados Unidos, e em 1998 na França.

Aliás, essa é uma consideração confirmada também por várias autoras, entre elas Linda Nicholson e Donna Haraway, em momentos distintos de suas publicações. As autoras ressaltam, em meio às características do conhecimento sobre as diferenças entre homens e mulheres no século XX, duas grandes polarizações: uma entre organismo biológico/natureza e cultura/construção social, e a outra entre masculino e feminino, que é a expressão mais acabada do corpo como forma central de conhecimento sobre o indivíduo e sua identidade como homem e como mulher.

Este é o caso de pesquisas que até hoje sustentam que, para além das diferenças anatômicas entre os sexos, o cérebro é sexuado, isto é, processa de modo essencialmente distinto, para homens ou mulheres, a linguagem, as informações, as emoções, o conhecimento e tantas outras características, tidas como naturais, que conduziriam às distinções de comportamento e de habilidade cognitiva.

Contrapondo-se a essas formulações, em ampla investigação sobre as construções do sexo e do corpo sexuado, Anne Fausto-Sterling (2000) – professora de biologia e estudos do gênero do Departamento de Biologia Molecular e Celular e Bioquímica da Universidade Brow – cita inúmeras pesquisas que atestam a existência de uma anatomia cerebral específica para cada sexo. Daí viria o fundamento para atribuir às mulheres e a seu largo corpo caloso[10] a intuição, a falta de aptidão para ciências exatas, a ampla habilidade verbal e o uso simultâneo de ambos os hemisférios cerebrais. Aos homens, em geral, atribui-se melhor desempenho espaço-visual, matemático e científico.

De acordo com Linda Nicholson (2000), essa herança e afirmação da base biológica na qual as construções culturais poderiam se inserir estariam igualmente em algumas teorias feministas que, mesmo questionando o sexo como um atributo

---

[10] O cérebro divide-se no meio em dois hemisférios cerebrais. Cada hemisfério é especializado para algumas tarefas específicas. Eles se comunicam através de um feixe que tem entre 200 e 250 milhões de fibras nervosas chamado de "corpo caloso". Portanto, o encéfalo é constituído de vários componentes, sendo o neocórtex uma das regiões mais complexas, que se divide nesses dois hemisférios, os quais estão unidos por várias comissuras, ou seja, bandas de fibras nervosas que ligam certas regiões do hemisfério esquerdo a zonas similares no hemisfério direito. A maior dessas comissuras toma o nome de corpo caloso (FAUSTO-STERLING, 2000).

meramente natural e denunciando o caráter social das diferenças físicas percebidas entre homens e mulheres, compreendem o corpo sexuado como um lugar onde o gênero seria supostamente construído. Assim, a formação da personalidade, bem como a do comportamento e da identidade de gênero de uma pessoa estariam necessariamente coladas ao sexo com o qual ela nasce. Mesmo afirmando o caráter social da construção das diferenças entre homens e mulheres, essa herança mantinha em sua compreensão social do gênero uma base biológica sobre a qual a cultura se assentaria. Nicholson (2000) nomeou este tipo de formulação de "fundacionalismo biológico". Com base em uma perspectiva construcionista, a autora sustenta que o corpo existe, e não se trata de mera fantasia. Contudo, o que podemos dizer sobre ele está constrangido por nossas possibilidades culturais, históricas e sociais, que imprimem as distinções entre masculinos e femininos.

Ao articular biologia, medicina e ciências sociais, Anne Fausto-Stterling revela como as diferenças culturais se transformam em diferenças corporais. Em seu livro *Sexing the Body: Gender Politics and the Construccion of Sexuality*, a autora debate a natureza social do conhecimento biológico sobre a sexualidade humana e animal, e questiona o uso das relações sociais feito pelas pesquisas da área biológica para estruturar seu conhecimento sobre a natureza e, ao mesmo tempo, reduzir o mundo social a ela. Em outras palavras, tais pesquisas passam da discussão das diferenças externas e do ambiente social para as diferenças internas, do organismo biológico e seus efeitos sobre o que se entende por masculinidade e feminilidade.

O diálogo com essas autoras passou a descortinar caminhos para uma crítica mais incisiva às características tidas pela tradição como naturalmente masculinas ou femininas e às afirmações biológicas sobre corpos, comportamentos e habilidades de mulheres e homens e sobre diferenças sociais, destacando o caráter socialmente construído do conhecimento científico. A perspectiva sociocultural permitia centrar o olhar no controle dos corpos como um processo social e culturalmente determinado, permeado por formas sutis, muitas vezes não percebidas.

Portanto, não era mais possível compreender as diferenças de gênero com explicações fundadas na teoria do determinismo biológico e no uso consequente da anatomia e da fisiologia como justificativas para as relações e as identidades de gênero na sociedade moderna. O gênero como uma categoria analítica que supõe a conexão da história com a prática presente e dá sentido à organização e à percepção desse conhecimento socialmente construído passa a ser compreendido como um "elemento constitutivo de relações sociais fundadas sobre as diferenças percebidas entre os sexos (e como) um primeiro modo de dar significado às relações de poder" (SCOTT, 1995, p. 14). O lugar de homens e mulheres na divisão sexual do trabalho, bem como o saber que se produz sobre as diferenças sexuais e os vários significados que elas podem adquirir assinalam sua variabilidade e natureza política, econômica e social.

É nesse contexto que passei a trilhar novos caminhos de investigação sobre os mecanismos e as dificuldades de constituição de um espaço público democrático no interior da instituição escolar, fortemente constituída por uma cultura androcêntrica, não só do ponto de vista da relação entre feminização do magistério, péssimas condições de trabalho, rebaixamento salarial e estratificação sexual da carreira docente, mas também da produção e reprodução de estereótipos de gênero nas relações escolares, em seus conteúdos e em suas práticas.

Nesse trajeto, a compreensão do direito social como conquista historicamente possível de setores que procuraram transformar suas necessidades em direitos socialmente reconhecidos permitiu sua articulação com o conceito de gênero como diferença sexual percebida e construída socialmente. Assim, a diferença como um possível critério para a defesa de interesses contra a discriminação passou a ser um foco importante das tentativas de compreensão da produção das desigualdades nas relações escolares, cujas determinações mais amplas se relacionam com essa esfera específica.

Ganha novamente importância o diálogo com Alberto Melucci e seu entendimento do caráter diferenciado que uma sociedade de alta densidade de informação comporta. Para ele, as esferas de pertencimento tendem a desenvolver diferenças próprias, e nesse sentido são também fontes de desigualdades específicas. Assim, o apelo "à diferença cultural [...] pode ser um canal através do qual um grupo exprime a demanda por novos direitos [...] um espaço político para o próprio reconhecimento" (MELUCCI, 2000, p. 49).

Uma inspiração indispensável para a apreensão do caráter coletivo do conceito de diferença para além da mera particularidade individual veio da leitura do *Le Manifeste Differencialiste*, escrito por Henri Lefebvre em 1970. Nele, a diferença aparecia como um campo coletivo da construção e ampliação dos direitos, como um indicador de necessidades radicais vistas como virtualidades transformadoras.

A interlocução com Melucci e Lefebvre possibilitou compreender aspectos da organização social como classe, raça/etnia, religião, geração e gênero como dimensões sociais que remetem às diferenças contidas na luta pela ampliação dos direitos. Além deles, permaneceu o diálogo contínuo com autoras no campo dos estudos de gênero.

No período em que me aproximei com maior densidade do debate sobre o conceito de gênero, final da década de 1980 e toda a década de 1990, as políticas públicas expressas nas principais leis e documentos orientadores das reformas da educação pública brasileira dialogaram, ainda que de forma insuficiente e por vezes prepotente, com muitas das demandas sociais voltadas para a área da educação, e procuraram, com sucessos e retrocessos, introduzir propostas que consideraram inovadoras no ensino público, com maior visibilidade para o campo do currículo.

Configurou-se, portanto, um novo desdobramento de minhas investigações,[11] agora mais enfaticamente voltadas para a incorporação do gênero/sexualidade nas políticas públicas de educação. Ou seja, começo a examinar a materialização das demandas coletivas no âmbito do próprio Estado. Desse modo, a análise da formulação, implementação e avaliação de planos, projetos, programas e ações, organizadas no âmbito federal, passa a ser o recorte privilegiado, englobando qualquer uma dessas dimensões examinadas em conjunto ou isoladamente.

Esse recorte já estava presente nas investigações anteriores, se considerarmos que a análise do processo de elaboração das

---

[11] Essas investigações tiveram início com a inserção em projeto mais amplo denominado Latin American Public Policies in Education from Gender Perspective, coordenado pela Prof.ª Dr.ª Nelly Stromquist, e contou com a imprescindível parceria e contribuição da pesquisadora Sandra Unbehaum.

políticas educacionais deve partir da identificação dos respectivos grupos que reivindicam do Estado interesses concretos, de cunho material ou simbólico (CUNHA, 2002). É possível então afirmar que já discutia a produção das políticas públicas de educação exatamente no vértice onde elas se constituíam: movimento social, ação coletiva e, no caso específico, movimento de mães de alunos e organização docente. Tratava-se de examinar essas políticas não apenas como reivindicações, mas como respostas materializadas na forma de documentos, planos, programas e ações (VIEIRA, 2007). Tais investigações tiveram por base a definição de política pública como representação da materialidade da intervenção do Estado (AZEVEDO; FERREIRA, 2006), configurada tanto na sua formulação inicial quanto no contexto de sua implementação (MAINARDES, 2006). Os aspectos propostos, separada ou articuladamente, pelo Estado e pela sociedade civil são implementados pelo primeiro. Parte-se do suposto de que ambas as instâncias se articulam ou disputam acirradamente em torno de interesses de grupos sociais que se fazem presentes em uma e/ou outra. Nessa arena de relações conflituosas e, por vezes, contraditórias, a formulação de políticas remete à discussão de complexidades. A intenção era estudar a linguagem e o conteúdo dos documentos federais como indicadores de intencionalidades, planejamento e formas de poder na perspectiva das relações de gênero e da produção das sexualidades.

O impacto da não inclusão das questões de gênero nas políticas públicas educacionais passou a ser examinado desde a Constituição Federal de 1988 (BRASIL, 2001) até a Lei de Diretrizes e Bases da Educação Nacional, nº 9.394/96 (BRASIL, 1996) e o Plano Nacional de Educação (PNE) – Lei Federal nº 10.172/2001 (BRASIL, 2001). Também foi observado o processo de elaboração do Referencial Curricular Nacional para a Educação Infantil (RCNEI) e dos Parâmetros Curriculares Nacionais (PCN) para o ensino fundamental como instrumentos de referência para a construção do currículo, com base em uma perspectiva de gênero/sexualidade nas políticas públicas de educação no Brasil, visando à substituição do antigo currículo mínimo comum.

Nesse contexto, outras ações coletivas tomam a cena nas reivindicações educacionais. Trata-se do movimento que representa

Lésbicas, Gays, Bissexuais, Transexuais e Transgêneros (LGBT),[12] que assume papel protagonista na proposição, elaboração e implementação de vários projetos e programas ligados à inclusão da diversidade sexual.[13] Não se trata de afirmar a presença desse movimento apenas nesse período. Ele já entrava em cena desde o final do regime militar e ganhou maior visibilidade durante todo o processo de democratização dos anos 1980 em torno da Assembleia Constituinte e mais tarde na luta contra a AIDS (PAIVA, 2003). A partir dos anos 2000, busca mais intensamente parcerias com o Estado (SIMÕES; FACCHINI, 2009). Isso significou a presença de duas agendas de gênero: uma, iniciada com o governo FHC, fortemente influenciada pelos organismos internacionais e com tentativas de implementação inspiradas pela LDB, a partir da qual o governo federal passou a "centralizar a incumbência de elaboração do currículo oficial" (BARRETTO, 2006, p. 2), visando à substituição do antigo currículo mínimo comum pelos PCN; e outra, inaugurada no governo Lula, permeada pelas demandas coletivas do segmento LGBT e pelas conferências, planos e programas a ele relacionados.

Nessa direção, foi de grande valia a produção de Debbie Epstein e Richard Johnson (2000) sobre o caráter sexuado do Estado e de suas políticas nacionais e locais que interpretam e regulam várias das concepções de família, reprodução, educação, estilo de vida, muitas delas entrelaçadas com a construção das relações de gênero. Em suas investigações, conjuntas ou em separado, a autora e o autor estavam preocupados em demons-

---

[12] São muitas as representações envolvidas, além das várias mudanças na sigla representativa do movimento no Brasil. A sigla mais comum era GLS (Gays, Lésbicas e Simpatizantes), mais tarde substituída por GLBT (com a inclusão de Bissexuais e Transgêneros). Hoje o termo oficialmente usado para a diversidade sexual no Brasil é LGBT (Lésbicas, Gays, Bissexuais, Travestis, Transexuais e Transgêneros), deliberado na I Conferência Nacional LGBT em 2008. Há controvérsias quanto à nomeação de todos os Ts, a inclusão de um Q (para queers) ou de um I (para intersexuais) e também de um A (para assexuais), mas há consenso na busca por inclusão das mais variadas dimensões da construção das desigualdades, trazendo à tona pertencimentos de gênero e diversidade sexual.

[13] Essa noção é recuperada por muitos autores. Entre eles, cabe destaque para Jeffrey Weeks (2003) e sua defesa do conceito como capaz de acolher as diferenças sexuais sem hierarquizá-las.

trar a relação entre nacionalidade e sexualidade, que passa pela regulação das identidades sociais e tem, tanto na mídia quanto na escola, instituições importantes de seleção, veiculação, reconhecimento ou exclusão social. Dessa analogia depende, por exemplo, a regulamentação do aborto e da reprodução, o estabelecimento de uma idade consentida para relações sexuais e para o casamento, bem como a criminalização das práticas que não se adequem a essas regras.

Duas importantes dimensões do conceito de gênero foram agregadas nessas pesquisas. A primeira delas estabelece uma imbricação entre gênero e sexualidade, procurando sair das concepções que afirmam o caráter excludente e polar entre esses conceitos. A segunda amplia a análise dos processos de democratização da educação e suas demandas para toda a população LGBT, destacando o caráter heteronormativo de muitos dos documentos examinados.

Assim, o olhar construído sobre o gênero e a sexualidade nas políticas e práticas educacionais procurou, no cerne desses conceitos, a recusa de explicações sobre as desigualdades de gênero fundamentadas nas diferenças físicas e biológicas para afirmar o caráter social, histórico e político desses conceitos em constante construção. O desafio, no caso da sexualidade, foi ir além da ótica restrita da reprodução e da forma de preveni-la por meio de informações sobre o sexo e seus perigos. Buscou-se incluir nesse tratamento sua conexão com as dimensões de gênero e ver "a sexualidade como diversão ou como prazer, ou a sexualidade como identidade pessoal, ou inclusive, e talvez o mais surpreendente, a sexualidade como intimidade" (EPSTEIN; JOHNSON, 2000, p. 70).

A segunda evidência nessa trajetória foi o que Judith Butler (1990, 2009) denomina de "matriz heterossexual", ou seja, falar de masculinidades e feminilidades nas proposições contidas nos planos e programas governamentais examinados é falar da imposição da heterossexualidade como padrão.

Os dois últimos capítulos exploram os resultados de uma série de pesquisas realizadas ao longo das duas primeiras décadas dos anos 2000 sobre o processo de incorporação do gênero e da diversidade sexual nas políticas educacionais e, simultaneamente, sobre a sistematização da produção acadêmica acerca dessas políticas públicas de educação.

Com base nos resultados das pesquisas, busco examinar o contexto de luta por reconhecimento de direitos relativos às sexualidades menosprezadas[14] e às relações de gênero no currículo e na formação continuada docente. Esse contexto foi marcado por perdas e danos, mas também por resistências que impõem atualmente novos desafios teóricos e práticos para a reflexão acadêmica sobre esse processo e para a própria elaboração das políticas públicas que, atualmente, enfrentam a articulação de setores conservadores em geral e setores conservadores religiosos, com forte utilização de um discurso midiático e polarizado que tem seu foco central no corpo binário e no direito natural.

Se for plausível traçar alguma reflexão sobre o caminho aqui construído, talvez possa afirmar que o olhar sobre os movimentos sociais urbanos e sobre as ações coletivas em torno da educação, com ênfase nas suas especificidades de gênero, passa lentamente a questionar o limite entre sexo e gênero, especialmente a divisão entre homens/mulheres, masculinidades/feminilidades e desejo homoerótico/heterossexual, e, talvez por isso, ver que o homogêneo se configura em uma impossibilidade humana e social. Há diferentes sujeitos e distintas possibilidades de sua constituição como sujeitos de direitos dentro do sistema educacional. O caminho já trilhado procura abrir novos universos de compreensão do processo de reconhecimento de atores coletivos diante das leis e normas que condicionam a construção das políticas públicas de educação em nosso país. Se há uma constante nesse processo é o reconhecimento de que o lugar do gênero e da diversidade sexual nas políticas públicas de educação é um lugar que nunca foi de fato. Está sempre por ser construído.

Quero também deixar registrado meu mais profundo reconhecimento de que os resultados das pesquisas aqui registrados não teriam sido possíveis sem o apoio, as contribuições, as leituras e as

---

[14] Em sua análise das distintas formas de injustiça social e das políticas necessárias para seu combate, Nancy Fraser (2008) refere-se às sexualidades menosprezadas, ou seja, modos de viver a própria sexualidade que não são reconhecidos e, portanto, necessitam de políticas, de reconhecimento para tal. No meu entender, o chamado menosprezo dessas sexualidades também pode se articular não só com a negação de reconhecimento, mas também com injustiças que derivam diretamente da estrutura político-econômica, e que exigem políticas de redistribuição.

provocações infindas de várias colegas da universidade, de estudantes, bolsistas, orientandas/os, integrantes do grupo de Estudos de Gênero, Educação e Cultura Sexual (Edges), por mim coordenado juntamente com Marília Carvalho. Agradeço, por fim, Adla Betsaida Martins Teixeira, Cláudia Maria Ribeiro, Lisete Regina Gomes Arelaro e Marilia Pontes Sposito pelo diálogo sistemático e pelas imprescindíveis contribuições como integrantes da banca examinadora do concurso de livre-docência no qual apresentei a tese que – revisada, condensada e atualizada –, deu origem a este livro.

CAPÍTULO 1

Lutas por educação: gênero, identidade coletiva e organização de mães de alunas/os

Uma de minhas primeiras pesquisas, de caráter qualitativo com enfoque etnográfico,[15] buscou compreender, no cenário das reivindicações pela melhoria do ensino público e nos chamados movimentos sociais urbanos por educação, o papel de mães de alunos/as nas lutas pela qualidade da educação pública.

O foco desta pesquisa (VIANNA, 1992) foi o processo de construção da identidade coletiva do Movimento Estadual Pró-Educação (MEPE) entre os anos 1988 e 1990 e os meandros daquilo que acreditava ser uma aproximação quase que absoluta entre as protagonistas das lutas por acesso e melhoria da qualidade de ensino oferecido pelo Estado. O acompanhamento do Pró-Educação, o registro de suas atividades[16] e as entrevistas realizadas em diferentes momentos da pesquisa apontaram-me divergências e alianças que distanciavam e aproximavam mães de alunos/as e professoras.

Este primeiro capítulo sintetiza alguns dos temas tratados na referida pesquisa, resgatando as principais características do Pró-Educação e examinando sua interação com professoras das

---

[15] Procurei, nesse longo trabalho de observação, registro e análise, desenvolver um olhar etnográfico (GEERTZ, 1987). Todavia, minha principal interlocução, entre as diversas correntes da investigação etnográfica, deu-se com trabalhos produzidos por Elsie Rockwell e Justa Ezpeleta (EZPELETA, 1986; EZPELETA, ROCKWELL, 1986; ROCKWELL, 1982, s.d.). As autoras enfatizam a dimensão de totalidade, integrando a informação da história local e geral com a análise etnográfica, buscando captar tanto a interação como a distância entre a escola e sua ambiência social.

[16] Entre elas, cabe destacar: reuniões internas do grupo de mães; reuniões cujo objetivo era ampliação e divulgação do Movimento; reuniões com representantes de partidos políticos de oposição; reuniões com autoridades ligadas ao Poder Público na área da educação; participações em greves; viagens; visitas às escolas.

escolas públicas estaduais e com o Sindicato dos Professores do Ensino Oficial do Estado de São Paulo (APEOESP),[17] de modo a destacar as diferenças existentes entre eles e apontar algumas das possíveis contribuições que a visão desses segmentos distintos – nem adversárias, nem aliadas incondicionais – pode trazer para a luta pela melhoria do ensino público.

Deflagrado em fevereiro de 1988, o Pró-Educação foi fundado como Movimento Estadual em abril de 1989, contando em 1991 com cerca de dois mil associados, em níveis diferenciados de participação. Era um movimento de mães de alunos pertencentes a setores das classes médias e setores organizados das classes populares, voltado para a melhoria da qualidade do ensino público e que reivindicava a participação direta das mães de alunos nas decisões relativas à educação pública estadual.

Assim, em 1988, o MEPE, estruturado principalmente na cidade de São Paulo, possuía por referência as experiências de participação direta de suas integrantes nas escolas frequentadas por seus filhos e filhas, através de canais institucionais como Associações de Pais e Mestres e Conselhos de Escola. Sua ação coletiva sofreu modificações a partir de 1989, quando novas integrantes, em Santo André, passaram a exercer papel fundamental na delimitação da prática coletiva do Movimento. O convívio com as mães de Santo André propiciou ao grupo de mães de São Paulo o conhecimento das experiências de participação em movimentos populares, como as dos movimentos de bairro, dos movimentos dos sem terra, das Comunidades Eclesiais de Base e da militância no Partido dos Trabalhadores (PT).

As integrantes do Movimento eram, na maioria, mulheres, donas de casa e mães de alunos/as das escolas públicas estaduais localizadas em São Paulo e nos municípios da Grande São Paulo. O fato de serem mulheres e mães contribuiu para essa proximidade entre elas e as professoras.

A escola é um espaço ocupado marcadamente por mulheres. No Brasil, como em outros países, o magistério é uma atividade

---

[17] Durante o período em que acompanhei o Pró-Educação (1988/1990), a Associação dos Professores do Ensino Oficial de São Paulo passou de Associação a Sindicato. A sigla APEOESP permaneceu a mesma.

profissional exercida predominantemente por mulheres.[18] A chamada feminização do magistério caracteriza-se, ao longo da história, como um fenômeno internacional pautado por alterações nas relações econômicas e patriarcais que configuram a própria definição de magistério (APPLE, 1995; ARAÚJO, 1990; NÓVOA, 1992; WILLIAMS, 1995; ZAÏDMAN, 1986).

No Brasil, a maciça presença de mulheres no magistério do ensino primário refere-se a um longo processo que tem início durante o século XIX com as escolas de improviso, que não mantinham vínculos com o Estado. Desde o século XIX, os homens vão abandonando as salas de aula nos cursos primários e as Escolas Normais vão formando mais e mais mulheres. Esse processo foi repleto de dificuldades e, até a primeira metade do século XX, esteve mais relacionado à expansão do ensino público primário.[19] No final da década de 1920 e início da década de 1930, a maioria do magistério primário já era feminina. Em 1920, o Censo Demográfico indicava que 72,5% do conjunto do professorado brasileiro do ensino público primário era composto por mulheres e, entre o total de docentes, sem distinção de graus de ensino, as mulheres somavam 65% (DEMARTINI; ANTUNES, 1993).

A presença feminina no magistério estendeu-se, ainda que com muitas contradições, aos demais níveis de ensino após a progressiva expansão da oferta de vagas nos cursos do ensino

---

[18] Vários estudos têm constatado essa presença majoritária de mulheres, entre eles: Bruschini; Amado (1988); Louro (1989); Carvalho (1999); Morgade (1997); Rosemberg; Piza; Montenegro (1990); Rosemberg (1992); Vianna (1998, 2013); Yannoulas (1996).

[19] A nomenclatura "ensino primário" tem diferentes conotações conforme as modificações na legislação brasileira sobre a organização e o funcionamento do ensino. Do final do século XIX até meados do XX, o curso primário se referia à escolaridade elementar (com duração de quatro anos), seguido pela escola secundária formada por dois ciclos: o ginásio (com duração de quatro anos) e o colégio, clássico ou científico, (com duração de três anos). Em 1971, com a Lei nº 5.692/71, o ensino brasileiro passou a se estruturar em três níveis: o ensino de 1º grau (com oito anos de duração); o ensino de 2º grau, compulsoriamente profissionalizante (com três anos de duração para os que não pretendessem obter o diploma de técnico e com duração de quatro anos para os que desejassem obtê-lo); e o ensino de 3º grau de nível universitário. Em 1996, a Lei de Diretrizes e Bases da Educação nº 9.394/1996 institui apenas dois níveis de ensino: a educação básica, compreendendo: a educação infantil (creches e pré-escolas); o ensino fundamental (com duração de oito anos); o ensino médio, correspondente ao antigo 2º grau sem caráter estritamente profissionalizante (com duração de três anos); – e a educação superior, de nível universitário.

primário, atendida quanto aos seus aspectos quantitativos em cidades de grande porte como São Paulo, já no final da década de 1930 e meados de 1940 (BEISIEGEL, 1964). Além disso, a expansão do ensino público e, consequentemente, do quadro docente para além do primário deveu-se também ao deslocamento do modelo de ascensão social com forte ênfase na escolaridade média e superior como condição para a disputa de postos ou funções oferecidas pelo mercado de trabalho em franco processo de industrialização. Com a ampliação dos ginásios na década de 1950, assistimos ao crescimento do ensino Normal, cujo número de professoras formadas passou a exceder a capacidade de absorção da rede estadual. No ensino público primário, a saturação do mercado de trabalho marcou as décadas de 1940 e de 1950, e "em 1959, dos 45.432 cargos existentes no magistério primário paulista, 80,2% encontravam-se no sistema escolar primário público estadual" (PEREIRA, 1963, p. 90-91).

Essa característica se mantém ao longo dos séculos XX e XXI, acompanhada de intensas alterações econômicas, demográficas, sociais, culturais e políticas. A configuração desse processo, que culmina com a constatação de uma maioria absoluta de mulheres no magistério na década de 1990, relaciona-se, ainda que indiretamente, com a dinâmica do mercado de trabalho e nela, a divisão sexual do trabalho e a configuração das chamadas profissões femininas.

Em 1990, as ocupações eminentemente femininas abrigavam 30% das mulheres economicamente ativas. Entre elas, destacavam-se as professoras primárias, juntamente com empregadas domésticas, enfermeiras, costureiras e secretárias, para citar alguns exemplos. Em 1992, dos 2/3 das mulheres que se declararam trabalhadoras, 17% eram professoras (BRUSCHINI, 1998). O primeiro Censo do Professor (BRASIL, 1999)[20] mostrava que 14,1% da categoria são homens e 85,7% mulheres, apontando

---

[20] O Ministério da Educação (MEC), por meio de seu Instituto Nacional de Estudos e Pesquisas Educacionais (Inep), realizou em 1997, pela primeira vez em âmbito nacional, o Censo do Professor, abrangendo 1.617.611 professores das redes pública e particular de ensino básico – mais de 90% da categoria, conforme dados do Inep – com o objetivo de contribuir para um diagnóstico que orientasse as políticas educacionais. Esse censo foi divulgado somente em 1999.

para a feminização da educação básica do ponto de vista da composição sexual do professorado.

Em 2002 e 2007, as séries históricas constantes do banco de dados sobre trabalho das mulheres, organizadas pela Fundação Carlos Chagas, constatam esse mesmo padrão de inserção profissional segundo o sexo. Mais de 70% das mulheres ativas no mercado de trabalho continuam empregadas em profissões consideradas femininas, como é o caso das fonoaudiólogas, nutricionistas, biblioteconomistas, cozinheiras e professoras.

Podemos dizer que, atualmente, a profissão de professora ainda é composta por maioria feminina, mas com o registro de algumas mudanças nessa composição. Se, em 1990, 90% dos estudantes concluintes na área da educação eram mulheres, uma década depois, em 2009, assistimos a uma queda desse percentual feminino para 73,8% concluintes (Brasil, 2009).

O mesmo acontece para aqueles e aquelas que ocupam a função docente, mas com muitas nuances. O forte caráter feminino da docência, na perspectiva da divisão sexual do trabalho, aponta maioria absoluta de mulheres na educação infantil, com 97,9% de mulheres (97,9% para creches e 96,1% para pré-escolas). O ensino fundamental ainda indica a presença majoritária de 82,2% de mulheres, mas aqui com distinções significativas quanto aos anos iniciais (90,8%) e finais (73,5%). Já o ensino médio registra 64,1% de mulheres e o ensino superior conta com 44,8% de mulheres, incorporadas em diferentes proporções, com alterações importantes da presença feminina tanto na graduação quanto na pós-graduação e também para as áreas disciplinares distintas (Brasil, 2009).

A partir dessa constatação, foi possível perceber, ainda na década de 1990, que a condição de mãe também propiciava a participação das professoras no Pró-Educação. Muitas professoras também eram mães. Algumas delas eram mães de alunos/as das escolas públicas. Assim, professoras engrossaram o Movimento na condição de mães de alunos durante audiências com autoridades da área da educação estadual e com representantes políticos; nas entrevistas com repórteres; nas manifestações públicas; e na divulgação em geral. Marina, uma das professoras de 5ª a 8ª série, por exemplo, referia-se à sua atuação no MEPE, como mãe de aluno, como parte da população atendida pela escola pública: "Todas as reuniões [do MEPE] que eu vou, eu vou como mãe. [...] A gente tem que deixar bem claro que a população está se levantando".

Essa proximidade se manifestou de diferentes formas. Apesar de não participarem diretamente no MEPE, algumas das professoras com as quais Elisa – mãe de aluno líder do MEPE – mantinha contato colaboraram de diversas maneiras para que ele se consolidasse. Na Reynaldo Porchat, das quatro professoras não participantes do Pró-Educação por mim entrevistadas, três compareceram em fevereiro de 1988 à reunião que deu início à criação do Movimento.

As professoras prestavam, também, certa assessoria às mães para temas e detalhes ainda não conhecidos, como aspectos relativos à legislação sobre o funcionamento escolar, Associação de Pais e Mestres, Conselhos de Escolas, etc. Essa presença das professoras no Movimento foi notada em suas mais diversas facetas. Em Santo André, por exemplo, algumas das integrantes dessa regional tiveram seu primeiro contato com o MEPE, como professoras, através do Sindicato dos Professores. Talvez se possa explicar por aí também o fato de, em 1989, somar-se ao Movimento um grande número de professoras.

Assim, os interesses do Pró-Educação e das professoras pouco se diferenciavam. A divergência existia como germe, mas não se fazia sentir. Mães e professoras integravam o Movimento defendendo reivindicações comuns. Entre estas, uma política salarial adequada para professoras, funcionários e especialistas de educação; a atribuição das aulas com tempo hábil para a escola poder programar seu planejamento; a implantação correta do Ciclo Básico e da Jornada Única.

Após as desavenças ocasionadas pela reposição parcial ou inexistente das aulas perdidas com a greve de abril de 1989, as diferenças de interesses entre mães e professoras ficaram mais explícitas, provocando um afastamento entre elas.

Durante essa trajetória, o Pró-Educação foi conquistando um espaço próprio perante o movimento das professoras, no instante em que se constituiu como um novo interlocutor para os diversos setores com os quais passou a interagir. Até então, não havia, fora do âmbito específico da escola como unidade escolar, esse ator coletivo: mães de alunos das escolas públicas.

No processo de diferenciação do MEPE em relação às professoras, um elemento de tensão, ora tênue ora intenso, passou a tecer a interação entre elas. Mães e professoras ganharam contornos como segmentos distintos, como deixava claro uma das mães ao afirmar que: "Há várias coisas que [...] não agradam a eles [professores]. Eles não estão interessados" (Gisélia, mãe de alunos, participante do Pró-Educação).

As professoras reagiram à presença do Pró-Educação como uma figura nova entre aqueles que lutavam pela escola pública. Muitas vezes instaurou-se o conflito, aspecto que foi se constituindo como uma das características dessa interação. Na medida em que o Movimento defendia interesses nem sempre convergentes aos das professoras, a diferença entre esses dois segmentos passou a ser marcante:

> Existe um grupo [de professores] que coloca o magistério até acima do salário. Acha que o magistério ainda é mais importante [...] os que pensam assim têm uma retaguarda financeira razoável [...] viveram num Brasil de 30 anos atrás, já estão em final de carreira.
>
> Existe um outro grupo dos que democracia boa é a minha. [...] São os que tiram todas as licenças que podem tirar, usufruem de todas as faltas, às vezes até desnecessárias, mas como têm direito, tiram. São aqueles que estão tratando a educação como um negócio, como vender banana na feira.
>
> [...]
>
> Existe outro grupo que luta, um outro grupo consciente. Esse é muito pequeno, normalmente são professores mais jovens, na faixa de 30 a 32 anos. [...] É o professor por vocação, de uma vida mais atual, mais consciente. Por vocação, mas também consciente de que ganha mal. Então se há greve, faz greve! Se volta pra sala, ele é o professor. Aqui na escola nós temos representantes desse grupo. Esses, apesar de nem sempre a gente concordar com a greve, nós respeitamos (Mães de alunos participantes do Pró-Educação).
>
> As mães, portanto, com base na atuação das professoras, reconheciam a presença de educadoras que se aproximavam do perfil daquelas que consideravam boas: professoras das escolas públicas estaduais e municipais e não personagens idealizadas, afastadas da realidade escolar. Reconheciam, também, a existência de professoras abnegadas, mas estas já em fim de

carreira pertenciam a outro momento, a um "Brasil de 30 anos atrás". Vale a pena citar uma das reuniões do Conselho Diretor do Pró-Educação, na qual se decidiu apoiar o movimento grevista da categoria, deflagrado em abril de 1989, julgando-o necessário à melhoria do ensino público. Professoras de 1º grau em Carapicuíba, participantes do Movimento, opuseram-se à greve, considerando-a prejudicial ao rendimento dos alunos. Apostando que o prejuízo poderia ser superado com a reposição criteriosa das aulas perdidas, a maioria das integrantes do Conselho optou pelo apoio à greve, diante do qual esse grupo de professoras rompeu com o MEPE.

As integrantes do Movimento decididamente não eram adeptas do retorno a um papel de professora ligado à ideia da abnegação. Censuravam, também, as professoras que faziam "da educação um negócio" e defendiam aquelas que se preocupavam com seus alunos sem, no entanto, deixar de lutar por interesses corporativos. Posicionavam-se entre a militância e a vocação. Por um lado, criticavam a reivindicação quase que exclusiva de interesses corporativos pelas professoras; por outro, não advogavam a manutenção de relações impessoais no interior da escola. Pelo contrário, as mães procuravam resgatar a personalização das relações entre professoras e alunos, entre escola e família, de tal maneira que o vínculo entre esses sujeitos coletivos e individuais embasasse o respeito aos interesses diferenciados em torno de um objetivo comum: o aprendizado das crianças e dos jovens, filhos e alunos.

O entendimento do que pudesse ser uma boa professora estava referido à vocação. Entretanto, ter vocação não significava única e exclusivamente visar ao aluno, alienar-se, não lutar pelos seus direitos: "[Professora] por vocação, mas também consciente de que ganha mal" (Elisa, mãe de alunos participantes do Pró-Educação).

Não apareceram, em nenhum dos momentos em que pude conversar com essas mães e observar suas discussões, referências diretas ao vínculo afetivo com o aluno como critério para definir a boa professora; no entanto, sem descartar o compromisso com a categoria e com a luta por melhores condições de trabalho no exercício da função de professora, as integrantes do Movimento enfatizaram a importância de sua presença na relação professora-aluno na medida em que garantiria o compromisso de ensinar:

> Quando a gente fala que o professor dá aula em duas, três escolas... Ele não conhece nem os companheiros, né, os colegas de

profissão que dão aula naquela escola, nem os alunos! Ele não cria vínculo com a escola! E isso também ajuda a deteriorar a qualidade do ensino (Elisa, mãe de alunos participantes do Pró-Educação).

O interesse pelo aluno permitiria que, ao voltar para a sala de aula, "ela fosse a professora" e, portanto, após uma greve bem ou malsucedida, ministraria sua aula da melhor forma possível preocupando-se com o aluno naquilo que lhe dizia respeito, ou seja, com o seu aprendizado. Nesse sentido, o compromisso com o aluno deveria garantir, no entender das mães do Movimento, que a professora tirasse todas as licenças que tivesse direito somente quando necessário e não tratasse a educação "como um negócio".

A necessidade do vínculo afetivo no exercício da profissão de professora, a que se referem as mães de alunos, é também ressaltada por Fúlvia Rosemberg (1992, p. 174):

> [...] Na medida em que, de fato, a professora desempenha uma função que não se restringe ao ensino; na medida em que a função de socialização também participa do ensinar; e na medida em que sua formação profissional é insuficiente, a professora lança mão do repertório aprendido domesticamente – ser mãe real ou potencial, cuja base do exercício (nos foi ensinado) se pauta pelo afeto.

Mães de alunas/os e professoras: uma aliança possível?

Sentimentos de recusa à participação, fechamento e resistência ao diálogo e às suas tentativas de interferência no funcionamento das escolas pautaram, em alguns momentos, a relação entre mães e professoras:

> [...] em reuniões com professores e com outras escolas eles dizem isto. Que eles não aceitam a vigilância. Mas veja bem, não é a vigilância a que eles se referem [...]. É como contribuição. Não é uma vigilância que cobra. É uma vigilância que contribui (Gisélia, mãe de alunos participantes do Pró-Educação).

Muitas foram as explicações que pude encontrar para essa dificuldade de relacionamento. Entre elas, a identidade de gênero que propiciava a aproximação das mães com as escolas de seus filhos e, contraditoriamente, uma disputa pelo espaço da escola.

Essa observação foi confirmada por outros estudos que procuravam explicar as divergências entre mães e professoras com base nas relações sociais de gênero. Cristina Bruschini e Tina Amado (1988) ressaltaram que as referências de gênero colaboram para a confusão entre os papéis de mãe e de mestra interferindo na atuação profissional das professoras e suscitando a presença de disputas entre elas e as mães.

Lenira Haddad (1987), ao analisar a relação creche-família, apontou características que auxiliam a compreensão da interação entre professoras e mães por mim observada. Segundo a autora, creche e família são instituições complementares, uma vez que dividem a responsabilidade da educação da criança. Todavia, existe uma disputa entre essas instituições:

> O objetivo de substituir a mãe implicaria em atitudes e comportamentos de invasão, posse, distância, numa relação creche-família, enquanto que numa relação família-creche implicaria em comportamentos de total atribuição de responsabilidades e de cobranças (HADDAD, 1987, p. 74).

A autora tece considerações sobre os motivos dessa disputa:

> Será que esse conflito existe porque a creche é vista como substituta materna? Será que a necessidade de expulsar as mães se dá porque a criança não pode ter duas mães, a mãe verdadeira e a creche? Se isso se confirmasse, a presença das mães incomodava tanto porque ela promoveria nas pajens um recuo de um dos papéis mais internalizados – o de substituir as mães – e a sensação de uma indefinição da função que deveriam assumir (HADDAD, 1987, p. 74).

Na experiência relatada por Lenira Haddad, foi preciso que, apesar do sentimento conflitante, a complementaridade dessas instituições fosse recuperada a partir do resgate da dimensão profissional da pajem no exercício do trabalho educativo.

A partir dessa análise, uma série de sentimentos e representações, que teciam a relação entre as mães do MEPE e as professoras com as quais mantinham contato, adquiriu sentido. A sensação de recusa e desvalorização por parte das mães em relação às professoras expressava a expectativa de que, conforme os padrões de relacionamento preestabelecidos, mães e professoras não deveriam concorrer, disputar e desvalorizar-se mutuamente, mas dividir tarefas e funções, pois, como afirmava uma delas: "a escola é continuidade do lar" (Rosa, mãe de alunos participantes do Pró-Educação). Essas características alertaram-me para o fato de sentimentos de disputa e tentativas de apropriação da clientela atendida estarem presentes também no espaço escolar, apesar de o papel profissional da professora ser mais delimitado do que o da pajem.

Naquela pesquisa foi possível notar algo que permanece até hoje nas análises sobre a relação entre família e escola: ela é, por definição, conflituosa, uma vez que as instituições envolvidas constituem identidades diversas que disputam interesses e prioridades nem sempre convergentes.

O distanciamento entre mães e professoras não se explicava somente pela disputa entre elas. Deveu-se, principalmente, a meu ver, à quebra de padrões suscitada pelo Pró-Educação ao tentar delimitar um espaço de interlocução com as escolas e as professoras. Houve, portanto, com a intervenção do Movimento nas escolas, a reconstrução de categorias previamente delimitadas. A categoria mãe de aluno, por exemplo, adquiriu um novo sentido após a inserção das mães em uma ação coletiva. Antes de participarem no MEPE, reivindicando um espaço próprio de interlocução, às mães de alunos era reservada, de um modo geral, a execução de tarefas como: limpeza da escola, administração da verba da Associação de Pais e Mestres, organização de festas, etc. Às professoras cabia a discussão dos problemas educacionais propriamente ditos. Ao relatar o início da inserção de Elisa na Associação de Pais e Mestres da Reynaldo Porchat, Gilda – professora e diretora desta escola em 1990 – apontou aspectos que sugeriam que as mães eram consideradas como estranhas: "Elas [as mães] começaram a dar ordens pra funcionária. Funcionária não obedece, obviamente, ordem de nenhuma pessoa que não tem nada a ver" (Gilda, diretora).

Provavelmente, o esforço das mães em construir, através do Movimento, identidades próprias, colaborava para que o distanciamento entre elas e os membros da escola fosse mantido como parte desse processo de diferenciação, de maneira semelhante à descrita por Marília Carvalho (1991):

> Uma forte cumplicidade unia "os membros da escola" diante dos "outros", os alunos e suas famílias considerados de fora. [...]

Levar em conta esse esforço de diferenciar-se e de demarcar uma identidade própria à escola, talvez permita compreender mais a fundo atitudes das educadoras diante dos alunos e suas famílias, que costumamos explicar apenas como corporativismo ou autoritarismo (CARVALHO, 1991, p. 90-91).

Na verdade, não se trata de identificar vítimas e culpados. A relação entre mães e professoras ganhava contornos distintos:

> [...] porque a minha visão não é uma visão de professor. É uma visão de mãe. E uma visão de mãe que está sabendo que a escola não está funcionando há muito tempo (Elisa, mãe de alunos participantes do Pró-Educação).

Assim, o Pró-Educação distinguia-se cada vez mais como algo novo, que não se encaixava nos padrões previamente definidos para as relações entre o que era genericamente definido como escola e população. As mães do Movimento apresentavam-se como um coletivo, fiscalizador, crítico, com dinâmica própria, com identidade própria. Elas não se limitavam a fazer parte, individualmente, dos canais institucionais de participação; não se restringiam a arrecadar verbas extras para as escolas de seus filhos através da Associação de Pais e Mestres; não pertenciam a um movimento de bairro restrito a uma ou duas escolas ou a uma região, mas defendiam a escola pública em geral.

Organização docente e de mães: entre desacordos e alianças

Muitas vezes a interlocução das mães do Pró-Educação com o Sindicato dos Professores possibilitou o acesso a um maior número de informações e colaborou para que aquelas formulassem opiniões próprias acerca do conteúdo debatido. Foi por meio do embate e da interação com o Sindicato que as integrantes do Movimento puderam rever ou reafirmar valores adquiridos antes do Movimento, incorporar outros valores e concepções e construir referências próprias em sua prática concreta.

No início do Pró-Educação, segundo suas integrantes, professoras e Sindicato dos Professores eram tratados como se necessariamente representassem os mesmos interesses. Quando o Sindicato posicionava-se a favor da deflagração de uma greve, as mães supunham que todas as professoras concordavam com essa decisão. Os desacordos não eram percebidos.

A partir do apoio efetivo ao movimento grevista de abril de 1989, o Pró-Educação aproximou-se ainda mais do Sindicato dos Professores. As mães de alunos do Movimento participaram ativamente dessa greve, subiram no palanque das assembleias do movimento liderado pelo Sindicato, visitaram várias escolas estaduais para discutir com pais e mães de alunos os problemas vividos pelas escolas públicas, defendendo as reivindicações das professoras.

Ao defenderem, cada vez com maior ênfase, ideias próprias, as mães do Movimento suscitaram reações contrárias por parte do Sindicato dos Professores, de maneira semelhante às objeções formuladas pelas professoras não organizadas coletivamente. Porém, agora esse embate se dava em um campo de forças distinto; a interação entre Movimento e Sindicato era de ator coletivo para ator coletivo.

Entre os interesses defendidos pelo MEPE em oposição à APEOESP, encontravam-se os relativos às concepções sobre o trabalho das professoras:

> Para a APEOESP o bom professor é aquele que apoia a greve, que luta pela categoria, que numa greve larga tudo, vai fazer manifestação e fecha a escola. Esse é o bom professor. Pra nós, não. Bom professor não é isso daí. Ele pode até fazer greve, mas a qualidade que nós queremos dele são outras e essas você [dirigente da APEOESP] não briga por elas. [...] O cara vai lá fazer manifestação e você não pergunta se ele está faltando na escola, se ele dá uma boa aula, se ele mata aula, se ele tem formação, se o diploma dele ele recebeu, ele estudou mesmo ou ele fez curso de fim de semana? (Tatinha, mãe de alunos participantes do Pró-Educação).

As mães criticavam o Sindicato quanto à não fiscalização do trabalho feito pelas professoras em salas de aulas (assiduidade, qualidade das aulas dadas, reposição das aulas perdidas com greves). Discordavam também da priorização dada pelo Sindicato às reivindicações salariais. Essa ênfase impedia, por exemplo, que a APEOESP interferisse no processo de reposição das aulas perdidas com as greves e atendesse as necessidades de pais e mães de alunos. Nesse sentido, as mães do Pró-Educação não se conformavam com a assinatura do livro de ponto, pelas professoras, em dias de greves: "Sei que essa ideia pode chocar, mas decretar greve e depois ir para as escolas e assinar o ponto não dá mais.

Fazer greve dessa forma qualquer um faz" (Elisa, mãe de alunos participantes do Pró-Educação).

As mães do MEPE reconheciam a legitimidade das greves, mas, ao mesmo tempo, defendiam seu término. Essa posição pode ser confundida com uma postura conservadora, de repúdio ao movimento grevista da categoria. Todavia, torna-se importante enfatizar que as "longas e intermináveis" greves, como as caracterizavam as mães de alunos, atrapalhavam, de fato, a vida das crianças e das mães. Foi na defesa desse interesse que o Pró-Educação, a partir de 1990, passou a vincular seu apoio ao movimento grevista das professoras à garantia de um programa de reposição das aulas perdidas durante o período.

Em outubro de 1990, a APEOESP criticou a posição assumida publicamente pelo Pró-Educação em relação à greve de professoras através do editorial de sua publicação anual, a *Revista de Educação*, n. 5. A reprodução de seu conteúdo ajuda a elucidar as dificuldades dessa interação:

> EDITORIAL
>
> Professores, funcionários e estudantes põem a nu, em suas manifestações, o sucateamento das escolas públicas. Chegou-se a um ponto no qual se torna necessário e urgente barrar a rápida deterioração do ensino no país.
>
> Como sempre, os comentários adversos procuram salientar apenas o "corporativismo" e o "grevismo" como a gangrena que deveria ser combatida e eliminada, se preciso à força.
>
> Ora, esse contraste de ideologias e de orientações de comportamento já demonstra que o movimento dos professores, dos funcionários, dos estudantes não está ainda compreendido e, o que é pior, que o nosso horizonte cultural está muito distante da realidade. Até mesmo alguns daqueles que participaram conosco, lado a lado, nessas árduas batalhas em defesa da Escola Pública nos impingem, como o fez recentemente a presidente do Movimento de Pais Pró-Escola Pública do Estado de São Paulo, a responsabilidade por essa situação, quando afirmou: "Greve virou fábrica de analfabetos". Isso nos mostra o quanto ainda precisamos caminhar para que a educação possa vir a ser, verdadeiramente, prioridade nacional.
>
> A ignorância é o desafio histórico número um do Brasil.
>
> O que parece ser uma espécie de "corporativismo" e de "grevismo" impõe-se como um recurso defensivo, de resistência,

daqueles que são as vítimas do caos e da desorganização social provocada pelos sucessivos governos.

Parece que muitos desconhecem, ou não querem reconhecer, que "ninguém vive de brisa", que o dinheiro público tem sido malbaratado, dilapidado, seguindo os métodos típicos do saque colonial.

Tapam os olhos para não ver que o motor do movimento de reivindicações é o amor à escola, à pesquisa, à transmissão e à produção do saber.

Sem a escola, não há por que ter professores – trabalhadores do ensino bem pagos –, não há nem a necessidade da existência desses trabalhadores...

Os professores levantam a sua bandeira, mostram como se defende a escola pública.

A educação se defende como se estivéssemos travando uma guerra. Não estão lutando só pelos seus salários: estão lutando por outra escola pública – que não humilhe seus trabalhadores e possa oferecer educação com qualidade para a classe trabalhadora.

A Diretoria

Para o Sindicato, os comentários "adversos" que salientaram o "corporativismo" e o "grevismo" resultavam da não compreensão do movimento grevista das professoras, funcionários e estudantes. Afirmar, como o fizeram as integrantes do Pró-Educação, que a "greve virou fábrica de analfabetos" significava, para a APEOESP, responsabilizar única e exclusivamente as professoras pelas precárias condições do ensino público. O fato de as mães de alunos do Pró-Educação defenderem interesses diversos do Sindicato as tornava não diferentes, mas "ignorantes" ou "politicamente atrasadas", como quem precisasse ainda crescer para compreender melhor as relações entre os trabalhadores do ensino público e o Estado.

A luta das professoras e do Sindicato dos Professores contra a desorganização da sociedade e do próprio ensino público pelos sucessivos governos, em defesa da escola pública e por uma educação de qualidade, era inquestionável. Entretanto, era possível supor, com base nesse editorial, uma divisão quase absoluta entre mães de alunos e professoras. A existência de "contraste de ideologias e de orientações de comportamento" era entendida, de acordo com o editorial, como incompreensão e desconhecimento das mães e nesse sentido que devia ser eliminada, superada. À medida que o Movimento começava a incluir interesses divergentes na pauta de suas reivindicações, passava a ser visto pelo Sindicato como opositor, como adversário ou simplesmente como desinformado.

Na verdade, o discurso oficial do Sindicato não recuperava as diferenças defendidas pelo Pró-Educação como parte do processo de construção da identidade de um novo interlocutor que apoiava o movimento das professoras sem se apresentar como aliado incondicional, e se impunha com uma identidade própria.

O grupo de mães exigia participação ativa do Movimento no processo de luta pela melhoria do ensino público. As preocupações com dedicação, seriedade, competência, melhores salários e condições de trabalho para as professoras eram enfatizadas como metas a serem reivindicadas também pelos pais e mães de alunos representados pelo MEPE junto às instâncias competentes. Uma das reivindicações nesse sentido tratava da participação do Movimento no processo de negociação e de decisão dos temas relativos ao ensino público: definição de prioridades orçamentárias, acompanhamento bimestral da execução do planejamento da Secretaria de Educação, entre outros.

Em diversos momentos das reivindicações, as mulheres do Pró-Educação apresentavam-se em condições de igualdade com o Sindicato. Alguns episódios elucidavam essa questão. Logo no início do ano letivo em 1990, o Sindicato impediu a entrada do MEPE para assistir a uma reunião de negociação salarial com José Goldemberg, secretário da Educação. O Movimento insistiu em presenciar as negociações, alegando não confiar em nenhuma das duas partes envolvidas. Ou seja, o Pró-Educação era uma terceira parte a ser ouvida e considerada nessa relação. Em outro momento, as mães do MEPE ofereceram apoio ao movimento grevista das professoras em troca da interferência e participação no processo de negociação das reivindicações. Em entrevista dada ao programa *Bom Dia São Paulo* (Globo) e à revista de educação *Sala de Aula*, a presidenta do Movimento afirmou que o apoio a novas greves das professoras estaria associado à participação do MEPE nas negociações entre o Sindicato dos Professores e a Secretaria de Educação durante o movimento grevista:

Antes de definirmos qualquer tipo de apoio, vamos querer saber como o governo e as entidades estão encaminhando as negociações. Queremos conhecer melhor o teor dessas negociações, porque a consequência dessas greves intermináveis é que os alunos estão saindo das escolas públicas semianalfabetos (Elisa, mãe de alunos participantes do Pró-Educação, revista *Sala de Aula*, n° 20).

A decepção causada pelo episódio da reposição formal das aulas pelas professoras após a greve de 1989 colaborou para que o MEPE tomasse essa decisão:

No ano passado estivemos com os professores em todas as assembleias e momentos difíceis. E eles não foram poucos, pois muitos pais não queriam dar seu apoio, diziam que estávamos loucos, que nossos filhos iam perder o ano. Mas esse apoio não era cego. Propusemos um acordo para as lideranças do movimento: ficávamos do lado dos professores até o fim, acontecesse o que acontecesse, mas em troca queríamos que, quando eles retornassem às aulas, fizessem a melhor reposição possível. Mas depois de 79 dias de greve percebemos que, na maioria das escolas do Estado, os professores não repuseram as aulas ou o fizeram muito mal (Elisa, revista *Sala de Aula*, n° 20).

Desacordos entre o Sindicato e o Pró-Educação ficavam cada vez mais evidentes para o grupo de mães do Movimento. A recusa do Sindicato em trabalhar com essas evidências era afirmada publicamente, como no editorial citado anteriormente. Já para as mães do MEPE, esse processo de diferenciação tendeu a ser mais bem incorporado. Elas passaram a enfatizar, por um lado, o caráter sindical da APEOESP e, por outro, o caráter global (entendido como para além do sindical) do Pró-Educação:

Porque no fundo, no fundo, tem o sindicato dos metalúrgicos, tem o sindicato dos borracheiros e tem o sindicato dos professores. [...] E eu [me] revoltava com esse negócio de trabalhadores em educação, mas enquanto APEOESP eles têm que falar é isso mesmo, porque eles são um sindicato de trabalhadores em educação. [...] E os nossos atritos vão ser eternos, porque nós defendemos a educação num global e aí entra a formação do professor, o mal profissional que às vezes tem, né? E o sindicato não pode fazer isso. Ele perde sua característica se ele fizer isso (Tatinha, mãe de alunos participantes do Pró-Educação).

Os desacordos e as alianças ora distanciavam, ora aproximavam Sindicato e Movimento, tornando-se impossível uma postura linear de um em relação ao outro. Porém, para as mães de alunos do Pró-Educação, a tensão que permeava a relação entre o Movimento, professoras e Sindicato caracterizava a interação entre eles, mas não impedia que muitas vezes defendessem os mesmos objetivos:

> [...] nós estamos juntos e não estamos. Eu acho que o Pró-Educação tem que seguir um caminho próprio e a APEOESP tem que seguir o seu. Lá na frente de vez em quando a gente vai estar junto, de vez em quando a gente vai ficar inimigo, de vez em quando a gente vai ter atrito, de vez em quando a gente vai lutar pela mesma causa (Tatinha, mãe de alunos participantes do Pró-Educação).

O Movimento nasceu da ênfase na qualidade do ensino como direito de todos os cidadãos. Seu interesse sempre foi pautado, principalmente, pela preocupação com a precariedade do ensino oferecido pelas escolas públicas, pelo espaço físico depauperado da maioria dessas escolas, pelas condições de trabalho que dificultavam o preparo pedagógico da professora e o seu desempenho na função de ensinar e estar atenta aos problemas apresentados pelos alunos.

A análise do Pró-Educação e sua própria existência indicavam, portanto, uma das possíveis respostas aos desafios que a educação ministrada pelo poder público nos suscita. Mulheres e mães com experiência de organização popular que atuavam com mulheres das denominadas classes médias. Essa forma de atuação impôs desafios para as mães de alunos das classes populares, organizadas na defesa de seus interesses, perante as mães dos setores de classes médias. Isso não significou a homogeneização do grupo de mães do MEPE (Vianna, 1992).

No entanto, outras probabilidades puderam ser delineadas ao levar em conta as características que demarcaram os segmentos envolvidos na luta pela melhoria da qualidade do ensino público, isto é, as mulheres, professoras e mães de alunos. Para que essa luta ganhasse um rumo melhor, era necessário que professoras e mães explicitassem os valores e critérios que as distinguiam, convivendo com diferenças e conflitos implicados nela.

Mais tarde, em outra pesquisa sobre como professores e professoras compreendiam a condição da docência nos anos de 1990, qual a opinião que possuíam sobre seus colegas, o Estado, as políticas públicas educacionais e quais as orientações que articulavam suas trajetórias profissionais e seus projetos futuros, pude perceber essa tensão entre a denúncia necessária do descaso do Estado em relação à educação, às precárias condições de trabalho, às imensas dificuldades enfrentadas, aos baixos salários, que conviviam com um forte envolvimento com o magistério. Professores e professoras afirmavam que não pretendiam abandonar o magistério e insistiam em perspectivas e projetos futuros (VIANNA, 1998, 1999).

Ser professora era considerado gratificante por permitir a formação de crianças e jovens, a aposta em seu futuro profissional e pessoal, a tentativa de transmitir conhecimentos técnicos e políticos. Mas esse mesmo convívio e responsabilidade pela formação, aquisição de conhecimento, rendimento pedagógico e preparação para o futuro era fonte de desespero, de culpabilização do próprio aluno e de sua família, bem como de denúncia da ausência de políticas públicas educacionais mais eficientes. Em todos os relatos, sentimentos de afeto se misturavam à crítica ao descaso do Estado, à humilhação e ao desencanto. Essa ênfase permeava os relatos de homens e mulheres, de mais velhos e mais jovens, não importando o nível de ensino em que atuavam e, em vários momentos, instigou a organização docente pela melhoria da educação pública, aspecto explorado no capítulo seguinte.

CAPÍTULO 2

Lutas por educação: gênero, identidade coletiva e organização docente

Este capítulo examina a organização do magistério na rede pública do Estado de São Paulo (Brasil) a partir da atuação de uma de suas entidades representativas: o Sindicato dos Professores do Ensino Oficial do Estado de São Paulo (APEOESP).[21]

Dou destaque para a terceira fase atuação da APEOESP com base em Ricardo Pires de Paula (2007). O autor estabelece três fases: surgimento e estruturação (1945-1963); acomodações e resistências em meio ao regime militar (1963-1978); reorganização no período de redemocratização (1978-1989). Minha análise dá destaque exatamente à terceira fase da APEOESP, momento de organização de estratégias de mobilização no processo de transição para a democracia. Essas, no meu entender, consolidaram ações e representações coletivas acerca do magistério e de sua entidade presentes até os dias de hoje. Ressalto, nesta reflexão, as vicissitudes e as alternativas do recorte a partir da ação coletiva e das relações de gênero.

Procurei demonstrar que, no processo de transição propriamente dita para a democracia (NASCIMENTO, 1989), quando o professorado sofreu as consequências econômicas e políticas herdadas do regime militar e passou a lutar não mais contra a ditadura, mas pela concretização de ideais democráticos, a APEOESP restringiu suas bandeiras de luta. A união de todos os profissionais da área da educação contra a repressão do regime militar, no primeiro momento, foi substituída pela divisão entre aqueles que passam a apoiar governos com propostas democráticas e aqueles que se opõem e criticam essas gestões. Assim,

---

[21] O magistério paulista possui várias entidades representativas. Tomo por base apenas a APEOESP, uma vez que, apesar de não ser a mais antiga, é até os dias de hoje a mais atuante, considerando-se tanto o número de associados quanto sua capacidade de organização coletiva.

somada ao recrudescimento da recessão, a luta salarial passou a ser o principal ponto de união na organização docente, excluindo, do processo de construção de sua identidade coletiva, as referências e os conflitos que constituem a representação que professoras e professores possuíam de si mesmos e de sua organização e sugerindo para análise algumas alternativas e indagações.

A transição para a democracia, processo pelo qual passamos a partir de 1974, foi engendrada pelo Estado e também pela sociedade civil. Foi uma transição sem ruptura com o regime político da época. Como afirma Alfred Stepan (1986), um processo negociado pelo alto, mas que deu, ao mesmo tempo, início à retomada da organização de uma sociedade civil que, embora se encontrasse esmagada, ainda se mantinha existente.

A mobilização sindical docente[22] no Brasil ocorreu na passagem da década de 1970 para a década de 1980, exatamente durante esse processo de transição. Por isso, recebeu influências das reivindicações e necessidades do momento, refletindo o interesse generalizado pela democracia e interferiu na luta pela revitalização da sociedade civil contra a repressão e o regime militar, somando-se à organização popular em torno de associações, movimentos de base e de diversas categorias profissionais que reivindicavam, entre outras necessidades, uma educação pública, gratuita e de qualidade. Foi quando assistimos a um pipocar de greves na área da educação, ao lado das lutas de outras categorias profissionais que reivindicavam melhores condições de trabalho. Nesse período, o sindicalismo brasileiro, marcado até então pela presença massiva e quase que exclusiva dos trabalhadores das grandes indústrias, passou a contar também com a presença de trabalhadores do campo, outros

---

[22] Apesar de o foco neste livro estar direcionado ao período do sindicalismo docente, vale lembrar que as formas de representação coletiva do magistério público – brasileiro e também paulista – sofreram muitas mudanças. No caso de São Paulo, podemos registrar, já no início do século XX, a criação de associações docentes de caráter beneficente. As atividades da Associação Beneficente do Professorado Público em São Paulo foram suspensas em 1919, ano da criação da Liga do Professorado Católico, vinculada à Cúria Metropolitana, que nos anos 1930 engajou-se no debate entre os católicos e os defensores do ideário escolanovista. Em 1931, após um longo processo de negociações, o patrimônio da Associação Beneficente foi incorporado ao Centro do Professorado Paulista (CPP), fundado em 1930 com a participação de alguns diretores daquela Associação (VIANNA, 1992).

profissionais e servidores públicos como médicos, engenheiros, bancários e professores.

A inserção do professorado nas lutas coletivas adquiriu não só um caráter fortemente sindical, como recebeu também influência significativa do processo de organização dos profissionais assalariados das classes médias. Para Renato Boschi (1987), a emergência de uma nova classe média deveu-se a um duplo processo: de um lado, o crescimento desproporcional do setor terciário nos anos 1970, acompanhado pelo declínio das ocupações autônomas e pela expansão do emprego na administração pública e nos serviços de consumo coletivo, e, de outro, a subsequente pauperização sofrida por esses profissionais na recessão dos anos 1980.

A mobilização docente nasceu, portanto, no bojo do processo de transição para a democracia e em uma conjuntura que já indicava o esgotamento dos modelos econômico e político. Assim, professores e professoras que buscavam alternativas para o ensino público somaram-se à organização coletiva daqueles que objetivavam reivindicar, do Poder Público, soluções para a crise. A partir desse momento, o crescimento das mobilizações grevistas do professorado tornou-se evidente para a sociedade brasileira.

Analisando o impacto das greves docentes em escolas e universidades, Boschi (1987) destacou que em 1978 a primeira paralisação na rede de escolas públicas de 1º e 2º graus no estado de São Paulo mobilizou 70 mil professores e professoras na primeira semana. Na cidade de São Paulo, 80% aderiram à greve, de um total de 180 mil docentes da rede estadual e de 10 mil da rede municipal. O ano 1979 assistiu a inúmeras greves do professorado, envolvendo também o Distrito Federal, os estados de Minas Gerais, Rio de Janeiro e Pernambuco. Em Minas Gerais, os movimentos grevistas, com duração que excedeu a um mês, atingiram cerca de 400 cidades.

Ao longo da década de 1980, as greves docentes foram mantidas como principal forma de reivindicação e pressão junto ao Estado e ganharam vulto tanto em relação ao número de educadores e educadoras que congregavam quanto à sua periodicidade. Cada vez mais longas, ocorrem pelo menos uma a duas vezes por ano.

Simultaneamente a esse crescimento, assistimos, no final dos anos 1970 e no decorrer da década de 1980, à mobilização de entidades que reuniram o professorado em estruturas associativas que mantinham organização e funcionamento de tipo sindical (OLIVEIRA, 1987; PERALVA, 1992; VIANNA, 1996). Em âmbito nacional: a Associação Nacional dos Docentes do Ensino Superior (ANDES) e as respectivas Associações Docentes (ADs), no ensino superior; no ensino de 1º e 2º graus a Confederação de Professores do Brasil (CPB); e a Confederação Nacional dos Trabalhadores em Educação (CNTE) que engloba, além de docentes, funcionários das escolas públicas de 1º e 2º graus. Também se organizaram associações em vários estados do país.

Como desfrutavam de considerável autonomia em relação ao controle do Estado, as associações docentes, assim como as demais associações profissionais de assalariados das classes médias que se fortaleciam naquele momento, passaram a funcionar como canais estratégicos para a mobilização do professorado à luz do novo sindicalismo, denominação dada à atuação sindical dos trabalhadores da indústria que vinha se preocupando com a autonomia dos sindicatos, com a organização das bases sindicais no interior das grandes empresas das áreas de ponta, com a reposição das perdas salariais, e contrária à visão colaboracionista e assistencialista das organizações sindicais do período anterior.

Organização sindical do magistério paulista e estruturação da APEOESP

Em 1945[23] foi fundada a APESNOESP (Associação dos Professores do Ensino Oficial Secundário e Normal do Estado de São Paulo), que em 1973 passou a englobar o magistério primário e tem seu nome alterado para APEOESP (Associação dos Professores do Ensino Oficial do Estado de São Paulo).

As reivindicações presentes na década de 1940 e no período de surgimento e estruturação da APESNOESP – entre 1945 e 1963 – abrangiam o contrato de trabalho, a equivalência das aulas ordinárias e extraordinárias e o reconhecimento do nível universitário. A prática dominante era a negociação pessoal com a administração

---

[23] A organização docente no estado de São Paulo em associações deu-se inicialmente em 1930, com a criação do Centro do Professorado Paulista (CPP). Esta entidade congrega apenas o magistério primário (1ª a 4ª séries do 1º grau) e assume desde sua origem um caráter mutualista e assistencial. Dada a especificidade deste capítulo, que opta pela análise da APEOESP, não cabe relatar maiores detalhes sobre essa entidade.

pública ou com o Poder Legislativo com forte caráter assistencialista em uma estrutura verticalizada e centralizadora. Mas a partir de meados da década de 1960, a trajetória da organização docente começou a incluir manifestações de rua e greves, resistências que mais tarde marcaram sua atuação até os tempos atuais.

Todavia, de modo geral, até meados de 1977 a atuação associativa do magistério paulista, apesar de existente, não se fez notar para a maioria da população. A greve de 1978, a primeira após dez anos, foi um marco para a estruturação da APEOESP rumo ao novo sindicalismo.[24] Visando ao controle político, uma nova diretoria foi eleita em 1979 e a Associação caminhou com caráter próprio, não só recebendo influências do processo de transição para a democracia, mas também interferindo nos rumos daquele processo.

Nessa trajetória, à luta pela reposição das perdas salariais sofridas desde 1973[25] somavam-se reivindicações mais amplas, de caráter político-ideológico, que evidenciavam preocupações de educadoras e educadores com a derrubada definitiva da ditadura e com a constituição da cidadania.

Parcelas mais organizadas e politizadas do professorado sensibilizaram a maior parte da categoria em torno da busca por uma organização autônoma contrária à estrutura corporativa, verticalizada e controlada pelo Estado, e de reivindicações mais amplas que refletiam o anseio de democratização da escola, do sistema escolar e da sociedade brasileira. Defendendo a derrubada definitiva da repressão imposta pelo regime militar, a APEOESP passou a compor o Comitê Brasileiro pela Anistia, com representantes de diversas entidades de classe, oposições sindicais, jornalistas, bancários, etc.

Em 1977, na assembleia realizada com a antiga diretoria da APEOESP, professoras e professores expuseram suas reivindicações. Além do rebaixamento salarial, foram apontados problemas

---

[24] A ligação entre a Associação e o novo sindicalismo é mediada pela inserção do professorado em partidos políticos e pela sua relação com as Centrais Sindicais.
[25] Em uma publicação sobre a memória da organização docente em São Paulo, cita-se um relatório reservado do Banco Mundial, publicado pela *Folha de S. Paulo* em julho de 1977, que questionava os cálculos de inflação do governo brasileiro para 1973 (JOIA *et al.*, 1993).

sérios como a extensa jornada de trabalho, a falta de garantias trabalhistas, a contratação de docentes a título precário, o corte de verbas para a educação e a extensão do ensino pago.

Ao emergir publicamente em defesa dessas reivindicações, a APEOESP ganhou amplitude em meio à crise econômica e política que marcava o processo de transição para a democracia vivido pelo país, e tinha, na defesa dos valores democráticos e nas práticas associativas desse processo, as heranças para sua construção e crescimento.

Nesse sentido, a não restrição de professoras e professores aos interesses relativos à melhoria das condições salariais e de trabalho talvez se devesse, também, ao momento histórico em que amplos setores da sociedade se preocupavam com os rumos da liberalização proposta pelo regime militar e, ainda, ao sentido social que o exercício dessa profissão impõe.

Angelina Peralva (1992) ressaltava com precisão os determinantes da organização docente nesse momento e que a distinguiam das demais associações profissionais, pois sua luta não se limitava às reivindicações específicas da categoria:

> Nos idos da resistência e da ditadura, o movimento de professores tinha um sentido ao mesmo tempo particular e universal. Os professores falavam em nome de si mesmos e de toda a sociedade, porque o sentido social de sua profissão lhes permitia ampliar o significado da luta mais além dos interesses estreitos de uma categoria profissional (PERALVA, 1992, p. 66).

A partir de 1981, a Associação elabora uma política cultural cujo objetivo era discutir propostas pedagógicas e de relações mais democráticas na escola, realizando congressos específicos de educação.

Em 1982, com a eleição de novos governadores e a posse, em São Paulo, de Franco Montoro, o magistério paulista viveu uma nova realidade. Alteraram-se os interlocutores: não mais um Poder Público estadual atrelado à ditadura militar, mas um governador que defende a transformação da sociedade e o investimento em políticas sociais. Apostando em uma gestão mais democrática e acreditando nas propostas de participação popular por ele apresentadas a APEOESP, nesse ano, elabora um diagnóstico da situação e apresenta propostas para a educação.

Em 1984, a entidade engajou-se na campanha pelas eleições diretas para presidente da República, aliando-se aos inúmeros setores da sociedade que clamavam pelo direito ao voto como alternativa aos desmandos do regime militar. Em 1985, o novo Estatuto do Magistério incorpora o Conselho de Escola deliberativo, considerado pela entidade como sua "principal vitória" (JOIA *et al.*, 1993, p. 54).

Em 1987, a entidade participou intensivamente na Assembleia Constituinte formando grupos de pressão e constitui, com os demais sindicatos e associações civis, o Fórum Nacional da Educação na Constituinte em defesa do ensino público. Em São Paulo uma manifestação reuniu cerca de dez mil professores e professoras em frente ao Palácio dos Bandeirantes.

O exame dos pontos defendidos pelo Fórum já demonstrava naquele momento a articulação feita pela APEOESP entre reivindicações que refletiam uma preocupação com questões universais e particulares. A entidade estava centrada tanto na defesa de políticas públicas educacionais mais democráticas, que incorporassem reivindicações populares e da categoria docente, quanto nas reivindicações salariais e de carreira.

Entre a ampliação da luta e perdas salariais crescentes

Passada a primeira crise recessiva, ocorrida entre 1980 e 1981, a APEOESP, assim como a sociedade, sofreu algumas decepções relativas às lutas nas quais havia se engajado. Entre elas, a derrubada no Congresso Nacional da emenda do deputado Dante de Oliveira a favor das eleições diretas.

O governo Montoro foi outro motivo para decepção. Várias de suas propostas democratizantes não foram cumpridas, entre as quais a ausência de discussão com o professorado em torno de propostas e da possível implantação de projetos educacionais, além da não reposição das perdas salariais (JOIA *et al.*, 1993).

Nesse contexto, assistimos em 1984 a uma greve que aglutinou diversas categorias profissionais e entidades de classe do magistério, entre elas e com forte presença, a APEOESP. As reivindicações dessa greve assinalavam a preocupação com o constante rebaixamento salarial sofrido pela categoria a partir de 1979 e que marcou a década de 1980.

Em 1986, momento em que se intensificou novamente o processo recessivo, o professorado enfrentou a crescente desorganização da economia e o agravamento da inflação, que levaram à brusca queda salarial na gestão do governador Orestes Quércia (janeiro/1987 a outubro/1989). A APEOESP passou, naquele momento, a despender grande parte de seus esforços na luta pela simples reposição das perdas salariais sofridas pela categoria.

Cabe ressaltar que existe um tempo cronológico no qual procurei situar o processo em que a organização docente em São Paulo passou a priorizar a defesa, quase exclusiva, da reposição salarial. Contudo, esse processo não foi e nem é linear até hoje. Presenciamos tanto a defesa salarial no início dos anos 1980 quanto a inserção mais ampla na Assembleia Nacional Constituinte.[26] Citando Roberto Felício, presidente da APEOESP, o jornal dessa associação destaca essa movimentação:

> "Somos professores em constante movimento, dando uma lição de cidadania à sociedade", frisa Roberto, lembrando, porém, que a conjuntura política e econômica coloca aos professores novos desafios que vão desde a recuperação do poder do piso da categoria até a ameaça da revisão constitucional e a possibilidade de perda de direitos conquistados pelos professores na Constituinte de 88 (1994, p. 7).

Mesmo considerando a não linearidade desse processo, percebeu-se uma tendência na organização docente: a resistência ao processo de pauperização e a tentativa de preservação dos direitos trabalhistas, que passaram a consumir grande parte de seus esforços em detrimento das dimensões mais especificamente educacionais. Um exemplo dessa realidade encontrou-se na interrupção, em 1985, dos congressos específicos de educação que, conforme mencionamos, vinham sendo realizados pela APEOESP desde 1981 e só foram retomados em 1991.

---

[26] A Assembleia Nacional Constituinte foi composta por parlamentares nomeados nas últimas eleições regulares que, entre as atribuições comuns ao cargo, tinham também o encargo de discutir e elaborar a Nova Constituição brasileira, aprovada no Congresso em 1988. Nesse processo, essa Assembleia recebia apoio e estava submetida à pressão de diferentes entidades de classe da sociedade civil e de setores ligados aos órgãos governamentais. Entre os primeiros, podemos destacar a participação ativa da APEOESP na defesa dos interesses dos professores das escolas públicas de 1º e 2º graus.

De fato, o peso da pauperização poderia explicar essa concentração de esforços, uma vez que o magistério brasileiro e também o paulista foi intensamente afetado por esse processo, mais até que outros trabalhadores urbanos. Notícias da imprensa revelavam constantemente situações nas quais o salário mínimo é desrespeitado. Professores e professoras brasileiros recebem 0,38%, 10% ou 20% do salário mínimo, numa década em que esse salário beneficia até setores mais desqualificados, como é o caso das empregadas domésticas. Os salários variavam de acordo com o nível de instrução, a inserção rural ou urbana, regiões, séries e níveis de ensino. No entanto, a categoria como um todo recebeu, na década de 1980, menos do que auxiliares de contabilidade, caixas e secretárias (KLEIN, 1992).

Os gastos do estado de São Paulo com a educação evidenciavam sua não priorização do setor educacional, em especial na gestão do governador Paulo Maluf (março/1979 a março/1983), que registrava os índices mais elevados de perda salarial.

Conforme o Anuário Estatístico do Estado de São Paulo, a Secretaria do Estado da Educação realizou em 1979 e em 1988, respectivamente, despesas anuais da ordem de 17,79% e 11,72% (FUNDAÇÃO SEADE, 1982, 1989). O rebaixamento contínuo dos padrões de remuneração da categoria era visto com indiferença pelo Poder Público que, diante de greves cada vez mais longas, não atendia às reivindicações do professorado e desrespeitava o direito de organização ao conter de maneira violenta essas mobilizações. Uma das greves organizadas pela APEOESP foi reprimida pela polícia, na gestão do governador Orestes Quércia, quando professores e professoras tentaram realizar uma manifestação em frente ao Palácio do Governo.

As greves serviram para impedir um arrocho ainda maior do salário do magistério paulista, mas não obstruíram o processo de pauperização ao qual a categoria docente foi submetida. Assim, apesar dos esforços do professorado e da própria APEOESP em manter as características mais amplas de suas reivindicações, a recuperação das perdas salariais passa a assumir, justificadamente, posição de destaque. Em pesquisa mais recente sobre a atuação da APEOESP entre 2007 e 2010, Juan Carlos da Silva (2013) mostra que o foco das lutas do professorado permanece em torno de reivindicações que dizem respeito à carreira do magistério, à defesa da escola pública e às questões salariais. Ao final de suas reflexões, o autor nos chama atenção para o fato de que "não é possível afirmar se a permanência das mesmas bandeiras se deve ao rebaixamento das condições de vida dos professores da rede estadual paulista ou se elas resultam das práticas sindicais tradicionais, acumuladas ao longo da história da APEOESP" (Silva, 2013, p. 193). Mas, para ele, essa forma de atuação revela certo distanciamento da cúpula em relação às bases, o que para mim assinala também a grande dificuldade de constituição de uma identidade coletiva de professores e professoras.

Gênero e identidade coletiva como base para a análise da organização docente

As características da mobilização docente até aqui destacadas nos levam a refletir sobre a possibilidade ou não de constituição de uma identidade[27] coletiva de professores e professoras.

A APEOESP manteve, desde 1979, um tipo de organização fortemente sindical. Com a conquista do direito de organização sindical pelos funcionários públicos, prevista pela Constituição de 1988, ela defendeu publicamente essa linha de mobilização e modificou sua denominação de Associação para Sindicato em 1990.[28]

Essa forma de organização permitiu, entre outros aspectos, o crescimento das greves docentes lideradas pela APEOESP. Todavia, às enormes mobilizações de massa e à sindicalização do professorado junto à APEOESP contrapôs um grande vazio. Desgastadas após as longas greves – nas quais, muitas vezes, não se obtém a maior parte das reivindicações –, as lideranças não conseguiram desenvolver um diálogo com aqueles que garantiriam um processo permanente de organização: professores e professoras. Alguns sindicalizados, outros não, mas que não atuavam diretamente junto a APEOESP.

Os períodos de aglutinação ocorriam, sobretudo, durante as mobilizações grevistas que reuniam a categoria em torno,

---

[27] O conceito de identidade é utilizado com o sentido de processo identitário, que supõe permanência de alguns referenciais e, ao mesmo tempo, modificações e redefinições contínuas (MELUCCI, 2004)

[28] A sigla APEOESP, porém, permanece a mesma.

principalmente, da recuperação das perdas salariais. Após o encerramento das greves, a organização coletiva do professorado tornava-se amorfa.

Para muitos professores e professoras, o Sindicato (APEOESP) estava relacionado apenas às suas necessidades sindicais específicas, cabendo a ele, portanto, organizar e deflagrar as mobilizações grevistas (SOUZA, 1993). Mesmo preocupando-se com as questões educacionais ao abordar o tema em seus congressos, reuniões e através de seus jornais, revistas e programa de TV, a APEOESP, muitas vezes, não era referência para o magistério por uma atuação especificamente educacional. Ainda que apenas com base em observações informais sobre a prática docente, era possível afirmar que as referências pedagógicas às quais professores e professoras tiveram maior acesso eram elaboradas e divulgadas por instituições estatais e não sindicais. Este era o caso da Coordenaria de Normas Técnicas e Pedagógicas (CENP), um órgão da Secretaria de Estado da Educação, e da Fundação para o Desenvolvimento da Educação (FDE), uma fundação estatal. Ambas, portanto, ligadas ao Estado que se opunha a muitas das reivindicações da APEOESP, sejam elas de caráter salarial ou pedagógico.

Assim, a organização docente vai perdendo a capacidade adquirida no início do processo de transição para a democracia. Sua nova característica sob essa perspectiva apontava algumas possibilidades e alguns limites. Por exemplo, a ação coletiva do professorado poderia não passar de uma resposta à crise da educação e, nesse sentido, constituir-se no que Alberto Melucci (2001) denomina de agregado, um agrupamento de indivíduos atomizados que se reconhecem nas suas necessidades mais imediatas – no caso salariais –, mas que não portam um sentimento de solidariedade que os defina como atores coletivos. Ou seja, o referido distanciamento da cúpula em relação às bases (SILVA, 2013). Cabe então indagar: que tipo de ação coletiva educadores e educadoras podem construir? O que impede a constituição de uma rede de solidariedade mais duradoura entre professores e professoras, algo que os una em momentos em que a necessidade de conquistas diretamente relacionadas à melhoria do salário e das condições de trabalho não estejam tão presentes?

O resgate histórico das lutas da categoria docente e a análise de sua organização, elaborados por diversos autores, prioriza a mobilização e a relação entre as lutas específicas da categoria, as lutas mais gerais relativas à transformação ou à conservação da estrutura socioeconômica e as propostas de participação do Estado (Canesin, 1993; Cunha, 1991; entre muitos outros). Todavia, poucos exploram os aspectos que, a meu ver, remetem à modificação da identidade docente.

Na sua origem, o exercício da docência possui características que relacionam sua identidade ao sacerdócio, ao altruísmo, à vocação, ao esforço, à abnegação e ao sacrifício. Por outro lado, a acentuada presença de mulheres no magistério também contribui para fornecer à identidade docente atributos considerados femininos:

> As características de maternalidade com que as professoras são descritas [...] não deixam dúvidas quanto à extensão para a escola de seu papel no lar. A responsabilidade pelo futuro das novas gerações é um apelo utilizado com frequência e de forma paritária para mães e professoras, cuja missão seria a de moldar através do carinho e da persuasão os cérebros infantis (Reis, 1994, p. 122).

Encontramos, assim, dois modelos que permeiam a identidade docente. De um lado, o modelo pautado no sacerdócio, que parece possuir características fortemente masculinas, ligadas à vida pública, ao professor enquanto sacerdote da República. De outro, o modelo referente às qualidades das mulheres, à maternalidade, ao afeto e ao universo doméstico (Carvalho; Vianna, 1994). Eles convivem entre si e influenciam o processo identitário de professoras e professores.

Com o acirramento e a consolidação do processo de desenvolvimento econômico, começam a se articular valores alternativos ao modelo de sacerdócio e ao modelo referente às qualidades femininas da docência. A concentração de capital, o empobrecimento, o desenvolvimento da urbanização e da industrialização e o processo de transição democrática passaram a influenciar as políticas educacionais. Professoras e professores expunham publicamente a precária condição de trabalho e os baixos salários a que são submetidos. Nesse contexto, a identidade docente[29]

---

[29] Cabe ressaltar que os diferentes modelos relativos à identidade docente, por mim apresentados, são também determinados pela identidade individual, que professoras

começava a adquirir significados múltiplos e contrastantes. Analisando os discursos selecionados no *Jornal do Brasil* na década de 1960, Rodolfo dos Santos Ferreira já identificava diferenças na representação simbólica que a sociedade do Rio de Janeiro faz das professoras e dos professores:

> Em 1962, 1963 e 1964, apesar de uma das publicações ainda se referir à "missão sagrada", "missão nobre", à "doação de espírito", surgem mais indícios, dessa vez mais significativos, de que a imagem que a sociedade tem do professor está se modificando. Entre eles, estão as frequentes reivindicações por melhores salários e melhores condições de trabalho, que são reconhecidas, inclusive, pelos próprios secretários de educação (FERREIRA, 1994, p. 49).

Durante os anos 1970, sob influência da luta pela democracia e do novo sindicalismo, outros valores passaram a constituir a identidade docente:

> A "professorinha normalista" foi substituída pelo termo amplo de "educadora", depois (nos anos 70) pelos "profissionais do ensino", e mais recentemente (anos 80) pelos "trabalhadores da educação" (LOURO, 1989, p. 37).

Como resultado, assistimos à defesa de valores, pela APEOESP, que se contrapõem à identidade fortemente marcada pelo sacerdócio e pelas características tidas como femininas:

> [...] o significativo em todas estas imagens é a ausência de alguns atributos adequados à profissão como a docilidade, a paciência, a dedicação, emblemáticos no passado em termos de identidade da professora [...] em nenhuma das narrativas, as ideias de missão, apostolado e vocação foram assinaladas revelando transformações político-culturais no modo como é representado (pelas professoras) o trabalho do magistério (LELIS, 1994, p. 109-110).

A transformação da identidade docente corresponde também à modificação do perfil de professoras e professores a partir dos anos 1990. A identidade coletiva construída pela categoria no

---

e professores têm de si mesmos e da organização da categoria e pela imagem que a sociedade possui desta mesma categoria. É preciso captar o movimento das construções simbólicas que interferem umas nas outras.

início dos anos 1980, e que contribuiu para que os modelos de abnegação/sacerdócio e feminino convivessem contraditoriamente com o modelo de professora/or atuante e crítica/o, diluiu-se:

> Sabe o que parece? Que aquele pessoal que fez movimento em 78/79 veio vindo e foi crescendo enquanto categoria profissional. Em 87/88 para cá mudou a categoria, eles não são mais os mesmos. [...] De 89 para cá a categoria é outra (professora, efetiva, 20 anos de magistério, citada por SOUZA, 1993, p. 255).

Ainda sem precisar com exatidão quais as características que indicam essa mudança, o depoimento de uma professora entrevistada por Aparecida Néri de Souza (1993) identifica, na nova configuração do professorado, outra vivência, outra trajetória de vida:

> Hoje você tem outros professores. Diferente de 10 anos atrás. [...] As pessoas que fizeram greve em 1984, muitas saíram, muitas cansaram literalmente, e o professor que vem hoje para o magistério é outro, que cresceu na época da ditadura, em que não se lia jornal, não se fazia discussão política. O pessoal que tem 22 anos hoje pegou o quê? (Professora, efetiva, 13 anos no magistério) (SOUZA, 1993, p. 255).

Ao traçarem um perfil dos possíveis candidatos/as à docência, com base nos dados do Exame Nacional de Desempenho dos Estudantes (Enade) do Instituto Nacional de Estudos e Pesquisas Educacionais Anísio Teixeira (Inep), Paula Louzano e colaboradores/as confirmam a constatação dos depoimentos colhidos por Aparecida Néri de Souza (1993), Isabel Lelis (1994) e Rodolfo dos Santos Ferreira (1994):

> Noventa e dois por cento dos graduados em Pedagogia são do sexo feminino, e têm em média 32 anos. Ao redor de 36% dos graduados são pardos ou negros. Quase 40% dos graduados têm renda familiar inferior a 3 salários mínimos. É importante notar que 72% deles têm experiência docente anterior (LOUZANO *et al.*, p. 564).

Temos, então, como perfil, uma professora que se formou no ensino superior com grandes dificuldades, trabalhando durante o dia e estudando à noite, que sofre o processo de desvalorização econômica e cultural de sua profissão, que não participou, na maioria das vezes, do processo de constituição e consolidação da luta sindical da categoria.

Em meio à sensação de desalento, desesperança e pouco discernimento quanto ao futuro da educação e da docência, há, portanto, uma quebra de valores que constituem a identidade docente em uma gama variada de posições e concepções divergentes e contraditórias. As diferenças presentes na constituição do processo identitário de professoras e professores ainda não foram assimiladas ou compreendidas, nem pelas professoras e professores em seu conjunto, nem pelas pesquisas sobre o tema. Apesar disso, valores e concepções relacionados ao sacerdócio, à socialização feminina e à militância permeiam a identidade docente e embasam significados diversos sobre sua organização.

Entre os modelos ressaltados, aqueles que parecem ter inspirado a organização docente – o modelo de sacerdócio e o modelo de militante-trabalhador – estão fundamentados em um modelo masculino de atuação profissional, individual e coletiva. Embora tenham convivido com valores presentes na socialização feminina das sociedades ocidentais, e até se confundido com eles em algum momento, esses dois modelos referenciam, de modo geral, a organização do professorado e não incorporam as diferenças presentes nas trajetórias e necessidades femininas e masculinas.

Nesse sentido, um paralelo com o mundo do trabalho na empresa e na mobilização operária (LOBO, 1991) talvez possa ajudar na compreensão desse modelo de organização engendrado pela APEOESP.

Leila Blass (1994), utilizando a expressão de Appay (1993), refere-se ao trabalhador fabril, masculino e assalariado como "sujeito paradigmático". Ou seja, existe um modelo masculino de sindicato, um modelo universalista de marca masculina que embasa a organização operária. Ao analisar a presença do gênero, da raça e da geração enquanto múltiplas determinações interativas na construção da subjetividade das trabalhadoras domésticas em Salvador, Mary Castro (1992) destaca que:

> As líderes do serviço doméstico deixam claro que as empregadas domésticas devem ser vistas como "pessoas sérias",

"mulheres direitas", "profissionais preocupadas com as relações de trabalho". É a forma de se alinhar com o que em sindicatos de outras categorias seria o perfil de um trabalhador militante (CASTRO, 1992, p. 67).

Nessa mesma direção, Cappellin (1994, p. 273) ressalta que as organizações sindicais "foram construídas com a participação dos homens e das mulheres, graças ao debate sobre o trabalho – muitas vezes assexuado – com uma imagem produtivista de suas vidas, construindo uma estrutura de representação predisposta pelos homens e para os homens".

Diria, de acordo com Linda Nicholson (2000), que essa estrutura de organização não só é predisposta pelos homens, mas construída com base em valores e significados masculinos, mesmo quando conta com a presença majoritária de mulheres. No caso do magistério, a maioria na APEOESP, assim como na categoria, é mulher. As mulheres militam e assumem instâncias de decisão, mas em que medida elas reproduzem modelos masculinos de fazer política, de organização sindical que embasam a identidade docente?

Nesse sentido, estamos diante de um paradoxo: as diferentes imagens de professoras e professores estão marcadas por um modelo masculino de organização da categoria docente que, ao mesmo tempo, convive com valores e identidades masculinas e femininas. Talvez a compreensão desse paradoxo ajude na superação da dificuldade da organização docente em constituir uma rede de solidariedade mais duradoura, para além das necessidades mais imediatas.

Em que medida a organização docente – que atua sob os moldes de uma determinada definição de estrutura sindical, pautada por vertentes teórico-políticas trabalhistas e que toma por base concepções masculinas do que deve ser a ação sindical – consegue efetivamente congregar mulheres e responder adequadamente às necessidades, expectativas e valores femininos? Por exemplo, os projetos individuais, profissionais e/ou familiares de professores ou de professoras têm conotações culturais diversas. Essas conotações podem apontar para um maior engajamento dos homens-professores nas instâncias mais centrais e nos cargos de comando da APEOESP. Examinar o impacto desses diferentes significados culturais pode possibilitar uma análise mais acurada quanto aos lugares que homens e mulheres ocupam na organização, quanto aos significados que esses tipos diferenciados de atuação têm para homens na relação com as mulheres e para as mulheres entre si. Até que ponto as mulheres conseguem deixar uma marca de seu pertencer a um sexo, culturalmente definido, nas relações sindicais?

Ao discutir a militância sindical rural e urbana das mulheres, Cappellin (1994) nos faz um contundente apelo:

> O movimento sindical não pode continuar olhando o mundo do trabalho pela ótica exclusivamente masculina. Sua constante preocupação em avaliar os percursos ocupacionais e profissionais deveria incentivá-lo a saber distinguir, no interior das diversas práticas de trabalho, as formas e conteúdos dos desafios materiais e simbólicos que os dois sexos enfrentam. [...] Isto possibilitaria identificar as diversas identidades que se formaram, fazendo com que não sejam mistificadas ou, pior ainda, desvalorizadas as trajetórias profissionais femininas que se construíram graças ao esforço e ao investimento de saber acumulado e transmitido pelas próprias mulheres a outras mulheres e, por que não, a outros homens. Estas bagagens culturais podem ajudar a que, no mercado de trabalho, sejam equacionadas a *igualdade* e a *diferença* entre homens e mulheres (CAPPELLIN, 1994, p. 290, grifos da autora).

Procurando caminhar na mesma direção apontada por Cappellin (1994), tenho refletido sobre as dificuldades e os desafios enfrentados por diversas gerações de docentes para constituição e manutenção de um espaço público democrático na instituição escolar e na organização docente, fortemente constituídas por uma cultura androcêntrica, do ponto de vista da relação entre feminização do magistério, péssimas condições de trabalho, rebaixamento salarial e estratificação sexual da carreira docente. Desigualdades que insistem em permanecer como reiterações lamentáveis ao longo de mais de um século.

A primeira reiteração trata do peso das relações de gênero na constituição da condição docente, como parte da crítica a um ator genérico e universal. O gênero entra como categoria analítica e supõe a conexão da história com a prática presente, organiza as relações sociais como um primeiro modo de dar significado às relações de poder e permite refletir criticamente sobre o lugar de homens e mulheres na divisão sexual do trabalho e seus vários significados políticos, econômicos e sociais, com destaque para as dificuldades enfrentadas por diversas gerações de docentes para garantir melhores condições de trabalho e de gestão. Entre elas, a hierarquização das atividades entre os sexos (HIRATA; KERGOAT, 2007), a cultura androcêntrica e a cultura heteronormativa.

A docência na educação básica no Brasil continua a ser uma área profissional exercida predominantemente por mulheres, sendo mais feminizada quanto menor a idade da população atendida. Enquanto na educação infantil o percentual de docentes do sexo feminino é de 98% (creche) a 95% (pré-escola), o ensino médio conta com 60% de mulheres (INEP, 2017a). No caso de docentes no ensino superior, de acordo com o Instituto Nacional de Estudos e Pesquisas Educacionais Anísio Teixeira (INEP, 2017b), o perfil típico é homem, 34 anos, doutorado, dedicação em tempo integral no caso das escolas públicas; o perfil das escolas privadas difere apenas quanto ao fato de que esse homem tem mestrado, e não doutorado, e dedicação em tempo parcial.

Persiste uma cultura androcêntrica que questiona a presença de docentes do sexo masculino na educação infantil, mas apoia a presença masculina associada a aspectos administrativos e de coordenação de equipe e da escola, não pressupondo o envolvimento pedagógico como centralidade da atuação, como os casos da vice-direção e da direção educacional, em comparação com a orientação pedagógica e a coordenação pedagógica.

E, por último, a cultura heteronormativa que supõe que para cada corpo (masculino ou feminino) corresponde uma única forma – fixa, estável e hierarquizada – de viver a própria sexualidade. No caso de nossas escolas, isso pode determinar, por exemplo, que homens sejam avaliados como mais capazes que mulheres e, até mesmo, que alguns homens sejam vistos mais homens que outros e, para esses, o tempo de carreira até assumir uma função de gestão pode ser mais curto. Portanto, as desigualdades de gênero, seja no que se refere às idades, seja no tempo de carreira, reiteram o favorecimento de docentes do sexo masculino.

A segunda reiteração expõe os desafios enfrentados por diversas gerações de docentes para o enfrentamento do conservadorismo na constituição de políticas públicas de educação e na instituição escolar.

Para afirmar essa reiteração, foi necessário empreender novas pesquisas sobre o período de abertura democrática do país na década de 1980, repleto de conquistas de direitos sociais, mas tensionado pelas reorientações políticas sob a ótica neoliberal já no início da década de 1990, provocando um quadro repleto de contradições: de um lado, a conquista de direitos sociais com a promulgação da Constituição Federal de 1988; de outro, reorientações políticas que levaram à restrição dos espaços públicos e democráticos e à redução de questões políticas a problemas técnicos, sob o argumento de má gestão, desperdício, falta de formação e inadequação dos currículos escolares nos diferentes níveis de ensino.

E hoje retomar essa trajetória é sublinhar novamente nossos avanços mais uma vez tensionados por reorientações políticas. Sabemos que muitas dessas conquistas não são estruturais, mas sofrem sério risco de desaparecimento em um contexto de franco cerceamento de todas as políticas sociais e em especial o congelamento da saúde e da educação por 20 anos. A ofensiva atual não é nova e ilustra um contexto no qual a educação tem sido um campo de batalha ao longo do século passado, especialmente na última década deste século, quando começa a ser consolidada a compreensão dos direitos humanos não apenas como equidade de gênero, mas também incluindo a livre orientação sexual e identidade de gênero. Esta será a tarefa dos próximos capítulos.

CAPÍTULO 3
Políticas de educação, gênero e diversidade sexual: início de uma trajetória

Entre 2002 e 2004, passei a integrar a equipe da investigação denominada Latin American Public Policies in Education from Gender Perspective, coordenada pela Prof.ª Dr.ª Nelly Stromquist, e voltada para o exame da inserção da perspectiva de gênero nas políticas de educação na América Latina. Sandra Unbehaum e eu ficamos responsáveis pela coordenação da pesquisa desenvolvida no âmbito do Brasil, contando com o financiamento da Função Rockefeller. Essa foi a primeira de uma série de pesquisas voltadas para a análise do processo de incorporação do gênero/sexualidade nas políticas educacionais.

Se considerarmos iniciativas isoladas, pouco sistematizadas – mas com relativa permanência ao longo dos anos –, podemos localizar tentativas de introdução do gênero e da sexualidade entre os temas a serem tratados pelo currículo escolar no início do século XX. Ainda que não se caracterizassem como proposições de políticas públicas federais na área da educação específicas sobre o tema, menos ainda se articulassem com políticas específicas ligadas ao reconhecimento da diversidade sexual, um resgate histórico da educação sexual ressalta que já na década de 1920 registravam-se propostas de inclusão da educação sexual nas escolas públicas para crianças a partir de 11 anos, influenciadas pelas correntes médicas e higienistas da França. Conforme Yara Sayão (1997), esse processo é permeado de idas e vindas, com momentos de silêncio sobre o tema, ao mesmo tempo em que ocorre inserção em escolas privadas protestantes ou sem caráter religioso. Mary Neide Damico Figueiró (1998), também com uma perspectiva histórica da educação sexual no Brasil, registra sua inclusão no Colégio Batista do Rio de Janeiro no início dos anos 1930. A autora registra que, após as mudanças Concílio Vaticano II na década de 1960, a presença da educação sexual intensificou-se nas escolas católicas em geral e em escolas públicas paulistas, mineiras e cariocas, como é o caso dos ginásios vocacionais e do Colégio de Aplicação da Universidade de São Paulo e do Colégio Pedro de Alcântara, no Rio de Janeiro. Em plena ditadura militar, assistimos à tramitação da proposta de implantação obrigatória da educação sexual nas escolas em todos os níveis de ensino na Câmara de Deputados, mas ela foi barrada e arquivada em 1970. Mesmo assim, a introdução do tema da sexualidade no currículo escolar tem alguma visibilidade a partir de 1970. Nesse período, com o surgimento da Lei nº 5.692/1971, os trabalhos com educação sexual no âmbito oficial eram de responsabilidade dos orientadores educacionais e dos docentes da área de Ciências ou de Programas de Saúde. Com o parecer nº 2.264/1974 do Conselho Federal de Educação, os Programas de Saúde do antigo segundo grau passam a se responsabilizar pelo ensino da educação sexual (SAYÃO, 1997; PIROTTA et al., 2006).

A Constituição Federal de 1988 e o gênero nas proposições de políticas federais para educação

Após a Constituição Federal de 1988, a escola passou a assumir a função de cuidar da sexualidade de crianças e adolescentes a fim de manter e normatizar os comportamentos sexuais dentro dos padrões sociais (ALTMANN, 2001; FIGUEIRÓ, 1998). Nesse período, por pressão social do movimento feminista – em relação às desigualdades que afetavam as mulheres brasileiras –, passa a ganhar força no debate sobre direitos.

Diante dessa premissa, integrei investigação, já referida, coordenada pela Prof.ª Dr.ª Nelly Stromquist, que teve como recorte histórico no caso do Brasil o período entre 1988 a 2002. Examinamos a Constituição Federal de 1988 (BRASIL, 1988), a Lei de Diretrizes e Bases da Educação Nacional (LDB) – Lei nº 9.394/96 (BRASIL, 1996); o Plano Nacional de Educação – Lei nº 10.172/2001 (BRASIL, PNE, 2001) e os Parâmetros Curriculares Nacionais para o Ensino Fundamental (BRASIL, 1997), procurando evidenciar as contribuições e contradições que o conceito de gênero poderia adicionar ao exame de algumas das principais legislações federais e reformas relativas ao campo das políticas públicas de educação.

A escassez dessa abordagem espelhava-se na raridade de análises densas sobre a discussão acerca da igualdade entre homens e mulheres prevista na Constituição Federal de 1988. Foi a partir desta Carta Magna que procuramos identificar o processo de introdução do gênero nas legislações e reformas federais concernentes à educação, como também verificar quais os avanços e desafios dessas políticas públicas educacionais com vistas à ampliação dos direitos, tendo a educação escolar como uma importante dimensão da construção da cidadania.

A retomada efetiva da inclusão da sexualidade no currículo deu-se a partir de 1995 com a pressão de movimentos de mulheres e com as sucessivas respostas do governo de Fernando Henrique Cardoso aos compromissos internacionais relativos a uma agenda de gênero e sexualidade assumidos pelo Estado brasileiro.

Pode-se afirmar, com cautela, que a participação do governo brasileiro e dos distintos sujeitos coletivos, organizados nas várias conferências internacionais, ao longo de 1990, guardava estreitas relações com a construção de um novo pacto educacional voltado ao enfrentamento das desigualdades socioculturais, mesmo que orientado ao cumprimento de outras metas como universalização de acesso e de elevação da escolaridade, a flexibilização dos currículos, entre outros, direcionadas por agências multilaterais internacionais.[30]

---

[30] Entre as conferências internacionais realizadas nos anos 1990, destacam-se: o Decênio Mundial para o Desenvolvimento Cultural da UNESCO (1988-1997); a Conferência Mundial de Educação para Todos/a Conferência Mundial da Cúpula Mundial pelas Crianças (1990); o Decênio Mundial para o Desenvolvimento do PNUD (1991-2000); a Conferência do Meio Ambiente e Desenvolvimento (1992); a Conferência Mundial de Direitos Humanos (1993); o Seminário Internacional da UNESCO para descentralização e currículos (1993); a Conferência Educação para o século XXI (1993); a Conferência Mundial sobre Necessidades Especiais da Educação (1994); a Conferência Internacional sobre População e Desenvolvimento (1994); XXVIII Reunião da Conferência Geral da UNESCO/a Declaração de Princípios sobre a Tolerância (1995); a IV Conferência Mundial sobre a Mulher (1995); a Cúpula Mundial sobre Desenvolvimento Social (1995); a Conferência Educação para o século XXI (1996); a Conferência sobre o Hábitat (1996); a V Conferência Internacional de Educação de Adultos (1997); a Conferência Internacional sobre o Trabalho Infantil (1997). No ano 2001, vale destacar a Conferência Mundial contra o Racismo, a Discriminação Racial, a Xenofobia

No entanto, não se pode deixar de observar a influência da esfera da saúde na educação, ao contextualizar a introdução do gênero nas políticas públicas de educação, com especial visibilidade mais recente para as demandas em torno da diversidade sexual. Foi nesse setor, na esteira da educação sexual, com foco na prevenção de DSTs e HIV/AIDS, que o debate se fez visível e viável, para, posteriormente, ser então inserido nas demandas realizadas por setores da sociedade civil junto à área da educação.

No rastro do contexto de influência das agências multilaterais, como o Banco Mundial, a Comissão Econômica para a América Latina (CEPAL) e a UNESCO, a aprovação da LDB (BRASIL, 1996) substituiu o antigo currículo mínimo comum pela elaboração do currículo oficial, por meio de documentos da lavra do Conselho Nacional de Educação (CNE). De acordo com as análises de Juan Casassus (2001), as reformas educacionais ocorridas na América Latina, na década de 1990, tiveram o objetivo de operar a regionalização no plano da cultura e das instituições, com foco da diversificação dos conteúdos gerais e locais no currículo e na definição de competências a serem desenvolvidas. É importante lembrar que o estabelecimento das orientações no currículo é também produto das exigências do Plano Decenal de Educação para Todos (1993-2003).

A própria Constituição Federal de 1988 já afirmava a necessidade e a obrigação de o Estado elaborar parâmetros para orientar as ações educativas. Respondem a essas orientações uma série de documentos, entre eles os Parâmetros Curriculares Nacionais (PCN) referentes aos temas transversais (BRASIL, 1997) e o Referencial Curricular Nacional para a Educação Infantil (BRASIL, 1998).

Os PCN, instituídos e publicados logo após a aprovação da LDB, pretenderam constituir uma proposta flexível de conteúdos para orientar a estrutura curricular de todo o sistema educacional do país, fornecendo subsídios para elaboração e revisão curricular de estados e municípios, a partir de suas distintas realidades

---

e Formas Correlatas de Intolerância. Diferentes concepções e intencionalidades permearam e orientaram as referidas conferências. Análises críticas acerca dessa temática podem ser encontradas em estudos e pesquisas realizadas, cujas contribuições são fundamentais para situar o campo da gestão das políticas educacionais (FONSECA, 1998).

sociais. Os PCN introduziram, na grade curricular do ensino fundamental e médio, os chamados temas transversais: questões e assuntos que perpassam todos os campos do conhecimento e que devem contribuir para a formação de um cidadão mais participativo, reflexivo e autônomo, consciente de seus direitos e deveres. Estes temas (ética, meio ambiente, pluralismo cultural, consumo, saúde e orientação sexual) têm como eixo central a educação para a cidadania e não se constituem em novas disciplinas, mas conteúdos que deveriam "transversalizar" as disciplinas e as ações educativas.

Lançados oficialmente em 1997, os PCN foram distribuídos por todo o território nacional no início de 1998 pela Secretaria de Educação Fundamental do Ministério da Educação, e receberam, por parte dos educadores em geral, alguns elogios e inúmeras críticas gerais e também especificamente relacionadas à introdução do gênero e da sexualidade no currículo. Entre os elogios, destacaram-se o avanço no que diz respeito à "oficialização" do tema da sexualidade e do gênero no currículo e nas escolas (ALTMANN, 2001; ASSUNÇÃO; TEIXEIRA, 2000; COSTA, 2001; FAVA, 2004; FREITAG, 2004; SILVA, 2013; LIRA, 2009; Parré, 2001; RIBEIRO, 2009; SILVA, 2009; VIANNA; UNBEHAUM, 2004, 2006; UNBEHAUM; CAVASIN; GAVA, 2010).

No entanto, muitas críticas foram observadas nesse processo. Entre especialistas e pesquisadores da área educacional, lastimava-se, sobretudo, o caráter centralizador e prescritivo dos PCN, sob forte influência dos organismos internacionais, com um currículo oculto altamente hierarquizado e sem ações que pudessem minimizar a formação docente deficitária e a falta de condições estruturais para que educadoras e educadores pudessem lidar com essa abordagem nas escolas. Em dezembro de 1995, foi divulgada versão preliminar dos PCN, destinada aos primeiros ciclos do ensino fundamental, a título de consulta às instâncias educacionais, mas as associações docentes envolvidas no processo denunciaram a marginalização de professores envolvidos com o ensino público fundamental nas discussões.

Além disso, a fragmentação da metodologia relativa à proposta de transversalização e a inconsistência do uso do próprio conceito de transversalidade (ANDRADE, 2004; ZARTH, 2013) não garantiram o questionamento da realidade macroestrutural que deveria dar alicerce às discussões e resoluções de problemas sociais. Esse também é o caso da questão racial, diluída no discurso da pluralidade cultural (GOMES, 2011).

Ainda no que diz respeito ao gênero e à sexualidade, a temática ganhou um tópico específico nos PCN denominado Orientação Sexual. Entretanto, o exame da aplicação das diretrizes curriculares sobre Orientação Sexual contidas nos PCN, a partir de observações do cotidiano escolar e/ou de entrevistas e questionários aplicados aos docentes de uma determinada escola, destacava as dificuldades de introdução do tema da sexualidade nas escolas, diante da falta de formação inicial e continuada docente, da precariedade de cursos descentralizados por parte de profissionais que já passaram por tal formação (multiplicadores), e da dificuldade pessoal em abordar o tema no cotidiano escolar (MARCHI, 2000; COSTA, 2001; ANDRADE, 2004; VIANNA; UNBEHAUM, 2004, 2006; LIRA, 2009; RIBEIRO, 2009; SILVA, 2009; ZARTH, 2013).

Além desses aspectos, foi enfaticamente criticada a subordinação das temáticas de gênero e sexualidade ao trinômio corpo/saúde/doença na Orientação Sexual (VIANNA; UNBEHAUM, 2004, 2006), entendida como atividade meramente informativa como "algo inerente, necessário e fonte de prazer na vida", como "necessidade básica", "potencialidade erótica do corpo" ou "impulsos de desejo vividos no corpo", algo sobre o que os sujeitos, principalmente os jovens, precisam ser informados (ALTMANN, 2001, p. 580).

Helena Altmann (2001), igualmente, pontua que para se desvincular a sexualidade de tabus e preconceitos, o trabalho de Orientação Sexual necessitaria abordar a constituição histórica e social desses fatores. Esse espaço poderia proporcionar discussões valiosas entre as pessoas que frequentam as instituições escolares, que abordassem as próprias concepções relacionadas às atitudes de cada um na relação com o outro. Os medos, angústias e dúvidas sobre a temática também poderiam ser consideradas nas problematizações feitas em sala de aula e, segundo a autora, o melhor termo para designar esse processo é "Educação Sexual".

A essa crítica alinham-se as reflexões sobre a polarização entre Orientação Sexual e as diferentes vertentes ligadas à

Educação Sexual (FRANÇA, 2008; FURLANI, 2009; TUCKMANTEL, 2009; XAVIER FILHA, 2009). Porém, mesmo sem a clareza de qual termo ou conceito seria mais apropriado, prevalece a tônica ressaltada por Altmann (2001).

É também objeto de condenação a pouca relevância da temática da diversidade sexual no contexto de elaboração dos PCN, a qual aparece apenas na introdução ao documento relativo aos temas transversais e é citada somente uma vez no volume de Orientação Sexual dos PCN do primeiro ciclo, apenas para enfatizar que esse assunto deverá ser tratado da 5ª série em diante (DANILIAUSKAS, 2011). Já nos PCN dedicados ao segundo ciclo, sua menção se dá em um contexto que chama a atenção para as dificuldades de se tratar tema tão complexo e controverso.

Entre as várias análises da introdução do gênero nas políticas de educação, uma tônica permaneceu naquele período: a ênfase na perspectiva dos direitos e da construção da cidadania – não necessariamente com referência explícita à expressão gênero –, e muitas vezes dirigida à ideia abstrata de cidadania contida nos documentos.

O caráter velado *versus* a menção explícita ao gênero nos documentos

Destaco aqui um dos principais resultados da pesquisa coordenada por Nelly Stronquist e desenvolvida no âmbito do Brasil por Sandra Unbehaum e por mim (VIANNA; UNBEHAUM, 2004): o caráter velado ou, por vezes, ambíguo da menção ao gênero nos documentos examinados.

Tanto na Constituição Federal quanto na Lei de Diretrizes e Bases (LDB), as relações de gênero ficavam subsumidas ao discurso geral sobre direitos e valores. Naquele momento, destacávamos como positiva a referência aos direitos humanos e a abertura para as demandas organizadas nas políticas públicas. Mas também alertávamos para o risco de que a menção ao gênero permanecesse velada com o uso do masculino genérico e na menção universal aos direitos humanos, uma vez que as políticas públicas não mencionavam explicitamente a referência de gênero.

Notamos também uma diferença em relação aos documentos de políticas educacionais um pouco mais recentes na época; esse foi o caso do Plano Nacional de Educação (BRASIL, 2001) e dos Parâmetros Curriculares Nacionais para o Ensino Fundamental (BRASIL, 1997). Ambos ultrapassaram os limites do tratamento genérico na linguagem e na ampliação dos direitos e da cidadania, mas ainda de modo ambíguo – pelo qual a referência ao gênero desaparece da apresentação geral do documento, mas aparece timidamente em alguns tópicos –, e às vezes reducionista e/ou com a presença de estereótipos de gênero nos documentos examinados.

Assim, o caráter velado e/ou ambíguo e estereotipado foi paulatinamente superado ao longo da primeira década do século XXI, mas parece ser uma característica que volta a marcar novamente o período atual das políticas de educação na perspectiva de gênero, aspectos que serão retomados no último capítulo.

CAPÍTULO 4

Políticas de educação, gênero e diversidade sexual: entre lutas, danos e resistências

O exame do contexto de produção das políticas públicas de educação a partir da perspectiva das relações sociais de gênero evidencia um tenso processo de negociação que determina a concretização, mas também a supressão de reformas, planos, projetos, programas e ações implementados, separada ou articuladamente, pelo Estado e pelos movimentos sociais e ações coletivas que pressionam por novas políticas públicas, pela ocupação de espaços na administração pública e pelo reconhecimento de novas formas de desigualdade. Tanto o Estado quanto os movimentos sociais, nas suas respectivas pluralidades, articulam-se e/ou disputam acirradamente interesses sociais presentes no processo. Nessa arena de relações necessariamente conflituosas e, por vezes, contraditórias, a formulação dessas políticas remete à discussão de complexidades.

Os grupos em negociação com o Estado são influenciados por vertentes teóricas e ações coletivas circunscritas, no caso do tema em foco, ao Movimento de Mulheres e ao Movimento de Lésbicas, Gays, Bissexuais, Transexuais e Transgêneros (LGBT). Este último assume papel protagonista na proposição de vários projetos e programas federais e estaduais ligados à inclusão da diversidade sexual no contexto escolar. Também exercem grande influência setores representativos de forças internacionais, com participação decisiva na vida nacional e na confecção de linhas de ação para as políticas públicas de educação.

Saindo do âmbito específico dos Parâmetros Curriculares Nacionais (PCN) – gestados durante o governo de Fernando Henrique Cardoso –, foi no governo de Luiz Inácio Lula da Silva que a diversidade sexual passou a ser reconhecida a partir da negociação e da representatividade no governo de diversos atores políticos, como integrantes não só de programas e projetos, mas da própria organização administrativa. Isso não significa a defesa incondicional dos possíveis avanços do governo Lula em relação às demandas de gênero, direitos sexuais e reprodutivos ou em relação à agenda anti-homofobia.[31] É preciso reconhecer que ganhos foram ampliados durante um longo processo de luta por direitos – que tem início muito antes do governo Lula –, mas que também foram conquistas tensionadas por agendas com perspectivas essencialistas e até mesmo excludentes.

Mesmo assim, ocasionaram modificações na forma de governo, mais transversalizada por pautas dos movimentos feminista e LGBT, e também no modelo institucional com a criação de algumas secretarias, inexistentes nos governos anteriores.

Demandas de gênero e diversidade sexual na educação: ganhos ampliados

Foram criadas várias secretarias especiais, entre elas: a Secretaria Especial de Direitos Humanos (SEDH), a Secretaria Especial de Política para Mulheres (SPM), a Secretaria Especial da Promoção da Igualdade Racial (SEPPIR) e a Secretaria Nacional da Juventude (SNJ). Elas deveriam induzir a execução de políticas a partir da interseccionalidade de gênero, raça, sexualidade, classe social, entre outras dimensões das desigualdades. Mas isso nem sempre foi possível; pelo contrário, a tônica era a ausência da "intersecção das perspectivas de gênero, raça/etnia e classe nas formulações críticas sobre educação" (Madsen, 2008, p. 19).

Assistimos, portanto, a inclusão dessas dimensões sociais na educação de forma fragmentada e desarticulada. No caso das temáticas de gênero e diversidade sexual, somou-se às pressões advindas das conferências nacionais, a negociação de agendas políticas que muitas vezes resultavam na criação de novas responsabilidades governamentais diante das demandas de gênero e diversidade sexual para a educação, mais especificamente no

---

[31] Para Daniel Borrillo (2001, p. 24) a homofobia é uma "uma forma de violência contra homossexuais que se caracteriza pelo sentimento de medo, aversão e repulsa [...], uma verdadeira manifestação emotiva de tipo fóbico", organiza tanto a ordem social quanto as subjetividades e atua reguladora das relações sociais em defesa da manutenção de supostos padrões de normalidade para comportamentos femininos e masculinos.

campo do currículo, da formação docente e das relações estabelecidas no ambiente escolar.

Sob as injunções desses processos, materializou-se a ênfase na inclusão social, mas também organizaram-se novas institucionalidades. No âmbito específico do Ministério da Educação (MEC), instituiu-se a Secretaria de Inclusão Educacional (SECRIE) e a Secretaria Extraordinária de Erradicação do Analfabetismo (SEEA). E com a fusão destas secretarias, em abril de 2004, originou-se a Secretaria de Educação Continuada, Alfabetização e Diversidade (Secad). Iniciou-se, então, a tentativa de articular as ações de inclusão social com a valorização das diversidades e com o destaque às demandas até então inviabilizadas e não atendidas efetivamente pelos sistemas públicos de educação:

> A constituição da Secad traduz uma inovação institucional. Pela primeira vez, estão reunidos os programas de alfabetização e de educação de jovens e adultos, as coordenações de educação indígena, educação do campo e educação ambiental. Esta estrutura permite a articulação de programas de combate à discriminação racial e sexual com projetos de valorização da diversidade étnica (Brasil, 2004a, p. 1).

Após a criação da Secad, canalizaram-se para a agenda governamental do MEC temas e sujeitos que dela estavam excluídos. Com a presença desses setores nos espaços da administração pública, assistimos à conversão de antigas denúncias em propostas de políticas educacionais, no âmbito federal.

É a Secad que se incumbiu de traduzir as propostas de desenvolvimento de ações no âmbito da educação gestadas em outros programas e planos mais gerais. Esse foi o caso, por exemplo, da organização do primeiro Plano Nacional de Políticas para as Mulheres (PNPM) em 2004 e de sua segunda versão em 2008, ambos antecedidos pelas Conferências de Políticas para as Mulheres (2004 e 2007), e do Programa Brasil Sem Homofobia (BSH), precedido pelo Plano Plurianual (PPA 2004-2007).

O primeiro PNPM (2004) tinha, entre seus objetivos, a educação inclusiva e não sexista, visando promover o acesso à educação básica de mulheres jovens e adultas. Já o Plano Plurianual (PPA 2004-2007), lançado em 2004, definia o Plano de Combate à Discriminação contra Homossexuais. Com vistas a efetivar esse compromisso, a SEDH acolheu demandas do movimento LGBT apresentadas em encontros nacionais e lançou o BSH, um programa de combate à violência física, verbal e simbólica sofrida por pessoas LGBT.[32] Apesar de o programa ser de responsabilidade da Secretaria de Direito Humanos (SDH), seu início contou com o apoio do Ministério da Saúde, e mais especificamente do Programa Nacional de AIDS, principal *lócus* de articulação do movimento LGBT com a SDH.

No final de 2003, durante o Encontro Brasileiro de Gays, Lésbicas, Transexuais e Transgêneros, em resposta à pressão do movimento LGBT, o governo, por intermédio de um representante da SDH, apresentou como proposta a produção de cartilhas para orientar a sociedade sobre o público LGBT. Como aponta Marcelo Daniliauskas (2011), o movimento rejeitou veementemente e exigiu a construção de políticas públicas que tratassem do tema. A partir desse momento, a relação entre setores do governo e ativistas se estreitou e a criação do Programa BSH foi pautada pelo movimento social, com apoio do próprio Ministro da SDH, iniciando-se então o processo de construção do programa. Para tal, resgataram-se demandas históricas aprovadas nos encontros nacionais LGBT, além da realização de parcerias com universidades no processo de elaboração de justificativas, estruturação e formatação do documento em questão. A formulação do documento contou com a participação de vários ministérios – entre eles Educação, Cultura, Saúde, Justiça, Trabalho e Emprego, Relações Exteriores – e várias secretarias, chegando a totalizar 16 ministérios envolvidos em 2007. Segundo Felipe Fernandes

---

[32] Nesse processo, destaca-se a complementariedade entre Estado e movimento social na formulação das políticas voltadas ao segmento LGBT. Elas não só nascem no próprio movimento e são incorporadas pelo governo, como também expressam uma espécie de parceria. No caso do BSH, o documento final é assinado por um representante do governo (SEDH) e outro da Associação Brasileira de Gays, Lésbicas, Bissexuais, Travestis e Transexuais (ABGLT). O documento também registra a participação de uma série de associações (Articulação Nacional de Travestis, Transexuais e Transgêneros, ANTRA; Articulação Brasileira de Lésbicas, ABL); ministérios (Cultura, Educação, Justiça, Trabalho, Relações Exteriores, Saúde); secretarias (Secretaria Especial de Direitos Humanos, Secretaria Especial de Políticas para Mulheres, Secretaria Especial de Políticas para a Igualdade Racial) e organismos de pesquisa (CLAM/IMS/UERJ, CESeC/UCAM).

(2011), o processo de criação de políticas públicas voltadas para o enfrentamento da homofobia no governo Lula estava

> [...] envolto em um campo amplo e complexo que contempla conhecimentos teóricos (e a adesão a determinadas linhagens teóricas) e pautas políticas elaboradas e defendidas pela sociedade civil (baseadas em determinadas correntes ideológicas). Se determinado conhecimento acadêmico e determinado saber ativista atuam sobre as políticas públicas do governo Lula, é porque há, de certa forma, o "entendimento" de que o "papel do Estado" envolve uma "escuta ativa" da sociedade civil (FERNANDES, 2011, p. 88).

A tarefa de implementação dessas políticas de inclusão foi coordenada pela Secad, na perspectiva de educação para as diversidades. Para tal intento, a Secretaria considera fundamental incluir a interlocução da diversidade sexual com a discussão da temática de gênero:

> A crescente mobilização de diversos setores sociais em favor do reconhecimento da legitimidade de suas diferenças tem correspondido a uma percepção cada vez mais aguda do papel estratégico da educação para a diversidade. Ela é vista como fator essencial para garantir inclusão, promover igualdade de oportunidades e enfrentar toda sorte de preconceito, discriminação e violência, especialmente no que se refere a questões de gênero e sexualidade. Essas questões envolvem conceitos fortemente relacionados, tais como gênero, identidade de gênero, sexualidade e orientação sexual, que requerem a adoção de políticas públicas educacionais que, a um só tempo, contemplem suas articulações sem negligenciar suas especificidades (BRASIL, 2007, p. 9).

Enfim, ainda que sob forte tensão, são assumidas, no plano federal, diferentes demandas para a constituição de políticas públicas voltadas para as diversidades, apresentadas principalmente pelos movimentos sociais.

O fato de as Organizações Não Governamentais (ONGs) receberem mais incentivos para a produção de pesquisas voltadas para a diversidade sexual e para as desigualdades de gênero também foi um marco no primeiro mandato do presidente Luiz Inácio Lula da Silva.

No caso do MEC, o principal canal de diálogo com os grupos sociais organizados na construção de uma agenda de políticas que visassem à inclusão da diversidade, ampliou-se a adoção de mecanismos de participação de movimentos sociais organizados, por meio de fóruns, seminários, conferências e outros espaços organizados para mobilizar atores e temas considerados relevantes para o desenvolvimento de políticas para a inclusão e diversidade. Reuniram-se, assim, gestores dos sistemas de ensino, autoridades locais, representantes de movimentos e organizações sociais e dos segmentos diretamente interessados no avanço dessa agenda.

O apoio do MEC – especialmente por meio da Secad – às inúmeras iniciativas da Secretaria Especial de Políticas para as Mulheres (SPM) na área da educação constituiu-se em um importante aspecto na formulação das políticas a partir de 2003. O mesmo aconteceu com as ações educacionais propostas pelo BSH. Parte das principais políticas públicas que visava superar a desigualdade relacionada às pessoas LGBT, por meio da educação no âmbito do referido programa, era expressão das respostas dadas pelo Estado às pressões, sugestões, participações e interferências do movimento LGBT (Rossi, 2010).

Assim, no governo de Fernando Henrique Cardoso, a tradução de uma série de temas em políticas públicas, como a inclusão do gênero e da sexualidade nos currículos, deu-se a partir do centro – ou seja, centralizada nas "bases legais definidoras da educação como política pública de Estado e a instituição hierarquicamente mais alta desse sistema: o Ministério da Educação" (Madsen, 2008, p. 159). Já no governo Lula, a participação dos movimentos, com suas demandas históricas, fundou-se no próprio campo da formulação das políticas, com a criação articulada de planos, programas e ações voltadas para a sexualidade, a homossexualidade e as relações de gênero. Nos dizeres de Nina Madsen (2008, p. 160), o governo Lula: "circula pelas extremidades, pelas políticas de gênero em educação [...] todos os demais atores que participam ou influenciam esse sistema", sendo as escolas o ponto situado "na extremidade final do sistema educacional nacional".

As pressões exercidas pelos movimentos de mulheres e pelo segmento LGBT somaram-se também à ainda presente influência dos organismos internacionais, como por exemplo, a Assembleia

Geral da Organização dos Estados Americanos (OEA) organizada em Medellín, Colômbia, em 2008 que, por iniciativa do Brasil, aprova a resolução Direitos Humanos, Orientação Sexual e Identidade de Gênero. Nesse processo, vale destacar o objetivo do MEC de construir uma nova orientação em suas políticas educacionais de modo a contemplar a diversidade como dimensão necessária para o enfrentamento das desigualdades, como se afirma ao criar a Secad.

E, de fato, a diversidade estava presente em muitos projetos e programas do MEC. Entre eles, destacavam-se aqueles relacionados à temática de gênero/sexualidade na educação escolar. Um deles, denominado Programa Educação para a Diversidade e Cidadania, foi desenvolvido em 2005, com o objetivo de promover políticas de educação inclusiva e de qualidade centrada na ética da diversidade. Mas o foco principal das políticas educativas voltadas para o gênero e a diversidade sexual nos dois governos do presidente Lula foi a formação docente.

O já citado BSH teve papel importante nesse processo. No início estava em sintonia com a visão da homofobia como uma categoria descritiva, mais voltada para questões de violência física e assassinatos de homossexuais. Felipe Fernandes (2011, p. 86) lembra que não foi sem tensão que houve este "deslocamento da homofobia de uma 'categoria descritiva' para uma 'categoria de agência'" capaz de construir uma agenda LGBT no governo Lula e criar o BSH.

Logo o BSH passou a investir em outros temas, como a cidadania, problematizando a questão da desigualdade de direitos, identificada já no próprio título do programa. O documento evidenciou como objetivos centrais do programa a mudança de mentalidades e comportamentos, por meio da educação e, em especial, dos gestores públicos, com o capítulo V do Programa de Ações, denominado "Direito à educação: promovendo valores de respeito à paz e à não discriminação por orientação sexual", com o objetivo de "fomentar e apoiar curso de formação inicial e continuada de professores na área da sexualidade [...] Estimular a produção de materiais educativos" (BRASIL, 2004b, p. 22-23).

Uma das recomendações para a educação no programa em questão trata da formação continuada docente na temática de gênero, sexualidade e homofobia. Foi, então, criado pelo

MEC/Secad, em 2005, o edital "Formação de Profissionais da Educação para a Cidadania e Diversidade Sexual", voltado para seleção e apoio a projetos de formação docente continuada nesta temática, abrindo a possibilidade de participação de instituições públicas ou privadas sem fins lucrativos de qualquer região do país. Em 2006, após acumular experiência no ano anterior, foi publicado novo edital para apoio de projetos de formação de profissionais da educação.

Os dois editais continham em seus textos a alegação da "importância de se promoverem ações sistemáticas que oferecessem aos profissionais da educação bases conceituais e pedagógicas que melhor lhes dotassem de instrumentos para lidarem adequadamente com as diferenças de orientação sexual e identidade de gênero" (BRASIL, 2005, p. 4). Assim, defendia-se também que tanto gênero quanto orientação sexual fossem "categorias importantes na construção de corpos, identidades, sexualidades e relações sociais e políticas" (BRASIL, 2006, p. 4) e que educadoras/es deveriam estar preparadas/os para detectar e lidar com atos de violência simbólica ou física.

Na trilha dessa perspectiva, assistimos à criação de muitos programas com foco na formação docente em gênero e no combate à homofobia. Como diz Felipe Fernandes (2011):

> A partir da pressão dos movimentos LGBTTT e do conhecimento produzido e acumulado no campo dos estudos de gênero e sexualidade, produziu-se uma política estatal de combate à homofobia que foi assumida pela principal agência estatal de gerenciamento do sistema de ensino brasileiro, o Ministério da Educação (MEC) (FERNANDES, 2011, p. 338).

Esse também foi o caso da criação do programa Educação e Gravidez na Adolescência, dirigido à inclusão da educação sexual, dos direitos sexuais e reprodutivos e da saúde sexual e reprodutiva nos contextos escolares, com foco na gravidez na adolescência e no fomento de formação docente, pesquisas acadêmicas, elaboração e distribuição de materiais didático-pedagógicos sobre o tema; o programa Educando para a Igualdade Gênero, Raça e Orientação Sexual, orientado para a formação de professores em gênero, orientação sexual e diversidade étnico-racial em cinco estados brasileiros durante o ano 2005; a capacitação de profissionais da educação das redes públicas para promover cidadania, respeito à diversidade sexual, enfrentamento da homofobia na escola, desenvolvida durante os anos 2005 e 2006 pelo programa de Formação de Profissionais da Educação para a Cidadania e a Diversidade Sexual; o estímulo e o apoio de experiências na área de formação de profissionais da educação para promoção da cultura de reconhecimento da diversidade sexual e de gênero e o combate ao sexismo e à homofobia, em 2006 e 2007, por parte do programa Diversidade Sexual e Igualdade de Gênero nas Escolas. Também vale lembrar o programa Construindo a Igualdade de Gênero (PCIG), oferecido para escolas públicas promotoras da igualdade de gênero, desde 2005, pela Secretaria de Políticas para as Mulheres (SPM-PR), com o apoio do CNPq e da ONU-Mulheres, e Produção de Trabalhos Acadêmicos no Ensino Superior, realizado anualmente desde 2005 com o objetivo de incentivar o debate e a produção de textos sobre gênero nos estabelecimentos de ensino, públicos e privados, e ao fomento da produção científica de graduação e pós-graduação.

Outro programa de grande impacto e duração foi o Gênero e Diversidade na Escola (GDE). Ele foi definido como um programa de formação continuada docente à distância nos temas gênero, orientação sexual e relações étnico-raciais a fim de orientar professores e professoras sobre como lidar com a diversidade nas salas de aula, combater atitudes e comportamentos preconceituosos com relação ao tema. Nasceu em 2006 como projeto piloto a partir de uma parceria entre a Secretaria Especial de Política para as Mulheres, o Centro Latino-Americano de Sexualidade e Direitos Humanos da Universidade Estadual do Rio de Janeiro (CLAM/UERJ) e o British Council,[33] e contou com a participação da Secretaria de Educação Continuada, Alfabetização e Diversidade e da Secretaria de Educação à Distância e Políticas de Promoção da Igualdade Racial. O projeto foi implantado em seis municípios – Porto Velho (RO), Salvador (BA), Maringá (PR),

---

[33] O Conselho Britânico é órgão do Reino Unido que tem por função fortalecer relações e experiências com o Brasil no âmbito da educação, da cultura e dos direitos humanos. Participou do projeto piloto do GDE com subsídios financeiros e com a promoção de assessorias e intercâmbios relacionados às políticas públicas educacionais nesta área (PEREIRA *et al.*, 2007).

Dourados (MS), Niterói (RJ) e Nova Iguaçu (RJ) – e executado pelo CLAM, em parceria com o governo federal. O CLAM também se responsabilizou pela elaboração de materiais didáticos, pela seleção de cursistas, de tutores on-line, de orientadores das áreas temáticas. O certificado do curso foi emitido pela Universidade do Estado do Rio de Janeiro (UERJ).

Em 2008, é criada a Rede de Educação para a Diversidade, voltada para a formação continuada de profissionais de educação com o objetivo de:

> [...] ampliar as oportunidades de formação de educadores e gestores educacionais que atuem na educação básica e nos cursos de formação de professores; elaborar conteúdos; ofertar um programa de cursos de formação para a diversidade; manter núcleos de pesquisa nas áreas da diversidade definidas pelo Programa; e estabelecer normas para o funcionamento e certificação dos cursos ofertados (Brasil, 2009, p. 1).

Com a criação da Rede de Educação para a Diversidade, o GDE sofreu algumas mudanças e passou a ser oferecido por várias universidades brasileiras, por meio de articulação proporcionada entre a Rede e a Universidade Aberta do Brasil[34] (UAB). Alguns trabalhos acadêmicos mais recentes já indicam a forte ênfase dessas políticas educacionais em gênero e diversidade sexual na produção de materiais educativos, nos projetos escolares e na formação continuada docente (CALDAS, 2007; KOERICH, 2007; GRÖSZ, 2008; SANTOS, 2008; MOSTAFA, 2009; COLETO, 2012; RIZZATO, 2013; GARCIA, 2015).

Este breve resgate da agenda de gênero e diversidade sexual nas políticas de educação do governo de Luiz Inácio Lula da Silva mostra o longo caminho percorrido para a organização de novas agendas, posteriormente seguido pela institucionalização de várias dessas agendas.

---

[34] Trata-se de um "sistema integrado por universidades públicas que oferece cursos de nível superior para camadas da população que têm dificuldade de acesso à formação universitária, por meio do uso da metodologia da educação a distância. O público em geral é atendido, mas os professores que atuam na educação básica têm prioridade de formação, seguidos dos dirigentes, gestores e trabalhadores em educação básica dos estados, municípios e do Distrito Federal". Disponível em: <www.capes.gov.br>. Acesso em: 1º de maio de 2018.

É importante destacar que esse foi o tom das políticas de gênero e diversidade sexual privilegiadas no exercício dos dois mandatos do governo de Luiz Inácio Lula da Silva – um entre 2003/2006 e outro entre 2007/2010 – marcando os planos e programas no campo educacional. Mas não se pode inferir que esse trajeto foi linear rumo aos grandes avanços que pudessem garantir a introdução e a institucionalização de todas as demandas negociadas. Muito pelo contrário. Foram tempos de organização de demandas, mas também de duros embates e resistências.

Em admirável pesquisa sobre a construção da agenda das diversidades nas políticas de educação dos governos de Luiz Inácio Lula da Silva e de Dilma Rousseff, Denise Carreira (2015) destaca o caráter inovador da Secad – no MEC e na Esplanada dos Ministérios como lugar intersetorial – para a organização e a sustentação das agendas voltadas para a diversidade na educação. A autora tece uma análise cuidadosa e perspicaz dos embates e tensões que marcaram aquele período e, para tal, divide os dois governos em quatro tempos:

> Tempo de organização de agendas e fomento de campos – 2003 a 2006.
> Tempo de verticalização de políticas – 2007 a 2010.
> Tempo de embates públicos – 2010 a 2012.
> Tempo de resistência – 2013 e 2014.

Podemos apreender dessa análise várias características aqui já apontadas. Uma delas diz respeito ao fato de que as agendas das diversidades roubaram paulatinamente a cena, mesmo antes da eleição de Luiz Inácio Lula da Silva em 2003. Ao longo do primeiro mandato, assistimos à pressão dos movimentos sociais no processo de tensionamento pela criação da Secad e da construção negociada da noção de diversidade como possível agregadora das agendas para a política educacional "em tensão permanente com a noção de ações afirmativas, fortalecida a partir de Durban, e com a noção de inclusão social, hegemônica no governo federal" (CARREIRA, 2015, p. 173). Outra característica é a precariedade e a fragmentação, até mesmo parcialidade, do modo como essas agendas foram introduzidas. E finalmente, vale lembrar das resistências sistemáticas de vários setores da sociedade como um todo, do Congresso e do governo e, mais especificamente, do próprio MEC.

Ainda que a periodização dos tempos divididos por Carreira (2015) possa dar a impressão de uma sequência linear, ressalto aqui a superposição desses períodos definindo um intenso processo de articulações, debates, alianças e resistências internas à Secad, ao MEC e ao governo federal como um todo em torno da formulação e do planejamento das políticas de educação. Foram tempos de organização e verticalização de políticas voltadas para as mais diferentes facetas das diversidades, com destaque neste livro para as que tratam das relações de gênero e diversidade sexual, mas também foram tempos de duros embates com o "crescimento da força política de grupos conservadores (religiosos, ruralistas, pelo recrudescimento da segurança pública, etc.), explicitamente contrários às agendas da Secadi e de seus sujeitos políticos" (CARREIRA, 2015, p. 243).

Nesse trajeto é possível registrar também o recuo do governo federal com a perda de muitas das agendas conquistadas (FERNANDES, 2011; CARREIRA, 2015; VIANNA, 2015; DESLANDES, 2016).

Em 1º de janeiro de 2011, Dilma Rousseff – até então ministra de Minas e Energia e posteriormente chefe da Casa Civil no governo Lula – assumiu a Presidência do Brasil, em seu primeiro mandato, após derrotar o candidato do PSDB, José Serra, nas eleições de 2010. Passou por reeleição em 2014, garantindo-lhe o que parecia ser o direito a um segundo mandato, período interrompido por um golpe, com maior evidência de perdas e danos; assim como da resistência necessária para ultrapassá-los.

Demandas de gênero e diversidade sexual na educação: danos evidentes

Em 2011, Dilma Rousseff passa a ser a primeira mulher eleita à Presidência da República no Brasil em um cenário político tensionado pelo crescimento de grupos conservadores – defensores de soluções violentas para questões sociais, ruralistas, religiosos – respectivamente conhecidos no âmbito legislativo como membros das "bancadas da bala, do boi e da bíblia" – que ganharam destaque durante o processo eleitoral de 2010.

Logo no início de seu governo, o MEC passou por nova reestruturação em suas secretarias. Em 2011, durante a gestão de Fernando Haddad, foram criadas a Secretaria de Regulação e Supervisão da Educação Superior (Seres) e a Secretaria de Articulação com os Sistemas de Ensino (Sase). A Secretaria de Educação a Distância foi incorporada à Secretaria de Educação Básica. Em decorrência disso, o Programa Universidade Aberta do Brasil passou a ser coordenado pela CAPES.

A Secad incorporou a Secretaria de Educação Especial do MEC e passou a se chamar Secretaria de Educação Continuada, Alfabetização, Diversidade e Inclusão (Secadi), instituída por meio do Decreto nº 7.480, de 16 de maio de 2011. A secretária da Educação Especial, Cláudia Dutra, substituiu André Lázaro na direção da Secadi.

A incorporação da educação especial à Secadi contribuiu para a fragmentação e a simplificação das temáticas articuladas por essa Secretaria, com vários questionamentos:

> [...] como será possível à Secadi dirimir, sem uma alteração radical no direcionamento do MEC, as questões indígenas, a alfabetização, a educação de jovens e adultos, a educação do campo, a educação especial, a educação ambiental, a educação quilombola, a educação em direitos humanos, e toda a sorte de mais diversidades que se lhe acrescentem, senão pela via da fragmentação disciplinar, eufemisticamente denominada de intersetorialidade? (BEZERRA; ARAUJO, 2014, p. 115).

Denise Carreira (2015) recorda que a fusão das Secretarias foi questionada pelos movimentos indígenas, mas essa reação não repercutiu na cúpula do MEC. A autora cita o Relatório de Gestão do MEC do exercício 2014 para mostrar o que define como um quadro dramático:

> A Secretaria de Educação Continuada, Alfabetização e Diversidade (Secad) foi criada em 2004 com uma estrutura mínima de servidores (de carreira). A fusão entre a Secad e a Secretaria de Educação Especial (Seesp), em 2011, originou a SecadI sem absorver a totalidade das estruturas existes; a Secadi, em 2011, incorporou o ProJovem, com um terço de sua estrutura original; e não houve, nesse período, reposição dos servidores proporcional aos servidores egressos. Diante do déficit

> contínuo de pessoal, a Secadi encontra-se com uma média de três servidores para cada Coordenação Geral, Diretoria e o Gabinete. Algumas dessas Coordenações ou Diretorias contam com equipe demasiadamente reduzida, considerando os servidores efetivos, requisitados ou sem vínculo. [...] O desempenho administrativo é prejudicado por conta da fragilidade no quantitativo da equipe da Secretaria diante do número de programas/atividades e sua extensa agenda de demandas, necessárias para que haja avanços significativos junto ao público. A falta de pessoal coloca em risco a qualidade da execução das políticas públicas desenvolvidas e que estão dentre as prioritárias do governo federal (BRASIL, 2014a, p. 251).

O governo Dilma Rousseff, portanto, foi marcado por muitos conflitos, com acirrado debate tanto entre políticos, gestores, docentes e demais integrantes da escola quanto na sociedade em geral.

Exemplo de conflitos no caso específico da agenda de gênero e diversidade sexual são encontrados no veto perpetrado pelo governo ao chamado Kit Escola Sem Homofobia. Nascido do Projeto Escola Sem Homofobia e articulado com o programa Brasil Sem Homofobia – no item destinado ao apoio para a produção de materiais educativos para o combate da homofobia –, o kit foi desenvolvido por importantes ONGs, como a Pathfinder do Brasil; a ECOS – Comunicação em Sexualidade; a Soluções Inovadoras em Saúde Sexual e Reprodutiva (Reprolatina); a Global Alliance for LGBT Education (Gale) e a Associação Brasileira de Lésbicas, Gays, Bissexuais, Travestis e Transexuais (ABGLT), com a supervisão do MEC.

Tratava-se de material educativo que abordava de modo sistemático a homofobia, conceito que denuncia "uma forma de inferiorização, consequência direta da hierarquia das sexualidades, assim como confere à heterossexualidade um status superior, situando-a no patamar do que é natural, do evidente" (BORRILLO, 2001, p. 15). O material era composto de um caderno com atividades para uso de professores em sala de aula; seis boletins para discussão com alunos e três audiovisuais, cada um deles com um guia, um cartaz e cartas de apresentação para gestores e educadores. O convênio estabelecido com o MEC para a elaboração do kit incluiu a capacitação de docentes e técnicos da educação, além de representantes do movimento LGBT de todos os estados do país, visando à utilização apropriada do material junto à comunidade escolar.

Todavia, após pressão da bancada religiosa conservadora no Congresso Nacional, a presidenta Dilma Rousseff vetou o material em maio de 2011, alegando sua inadequação. De acordo com o MEC, o veto da presidenta referia-se aos três vídeos. O restante do conteúdo ainda poderia ser distribuído nas instituições públicas de ensino, mas isso não ocorreu.

Enfim, a dinâmica de introdução do gênero e da diversidade sexual nas políticas públicas de educação envolveu desde os movimentos internacionais e nacionais, que fizeram circular diálogos e protagonizaram disputas, até as contradições presentes no processo de negociação em torno das demandas do movimento LGBT. Outro exemplo das contradições inerentes a esse processo foi o fato de que o veto ao kit ocorreu no mesmo mês em que o Supremo Tribunal Federal (STF) reconheceu a união estável para pessoas do mesmo sexo. Eram conflitos que estavam em jogo no processo de implantação de uma proposta ou reforma educativa e deveriam ser levados em conta na criação e aplicação de planos e programas elaborados no âmbito federal.

Em 2014, as menções às questões de gênero foram retiradas do PNE durante sua tramitação no Congresso.

Naquele ano foi realizada a 2ª Conferência Nacional de Educação, com a finalidade de construir deliberações e subsídios para a elaboração do PNE (Lei Federal nº 13.005/2014). Na proposição das metas para elaboração do PNE, o Eixo II, que teve como título Educação e Diversidade: Justiça Social, Inclusão e Direitos Humanos, defendeu o necessário enfrentamento das "relações assimétricas de classe, étnico-raciais, gênero, diversidade religiosa, idade, orientação sexual, cidade/campo e pela condição física, sensorial ou intelectual" e previu a "realização de políticas, programas e ações concretas e colaborativas entre os entes federados, garantindo que os currículos, os projetos políticos pedagógicos, os planos de desenvolvimento institucional, dentre outros, considerem e contemplem a relação entre diversidade, identidade étnico racial, igualdade social, inclusão e direitos humanos" (BRASIL, 2014b, p. 28).

A versão do PNE enviada ao Senado Federal destacou vários desses aspectos, mas a versão final do PNE sancionada como lei aprovou como meta o combate às desigualdades educacionais, referindo-se de forma genérica à erradicação de todas as formas de discriminação.

Isso significa que assistimos novamente à defesa do caráter velado da menção ao gênero quando se trata do PNE atual, ou seja, o alerta acionado nas primeiras pesquisas sobre a introdução do gênero nos documentos de políticas educacionais (Vianna, Unbehaum, 2004) volta a fazer sentido: corremos novamente o risco de que a menção ao gênero permaneça velada com o uso do masculino genérico e na menção geral aos direitos humanos sem a menção explícita às questões de gênero.

Para a votação dos Planos Estaduais de Educação (PEE) e dos Planos Municipais de Educação (PME), a serem aprovados na forma de leis, o MEC retomou as deliberações dos sete eixos da Conferência Nacional de Educação (CONAE), inclusive as do Eixo II, Educação e Diversidade: Justiça Social, Inclusão e Direitos Humanos. A intenção foi seguir os princípios do ensino estabelecidos na Lei de Diretrizes e Bases da Educação Nacional (BRASIL, 1996), que, de acordo com o Artigo 3º da Constituição Federal de 1988, inclui entre os objetivos fundamentais da República Federativa do Brasil "promover o bem de todos, sem preconceitos de origem, raça, sexo, cor, idade e quaisquer outras formas de discriminação".

No entanto, o debate em torno da votação dos Planos Estaduais e Municipais de Educação tem sofrido um tratamento distorcido e politicamente nefasto em relação às questões de gênero e diversidade sexual. Em um verdadeiro revide de grupos fundamentalistas religiosos atuantes no Poder Legislativo durante a votação de alterações relativas à temática de gênero e diversidade sexual nos Planos de Educação, também foram elaborados projetos de lei com a finalidade de impedir a abordagem de gênero nas escolas (Deslandes, 2016).

Com base no discurso de setores religiosos conservadores, advogou-se a supressão das palavras gênero, diversidade e orientação sexual nos Planos Estaduais e Municipais de Educação. Para justificar essa exclusão, utilizam o sintagma[35] da "ideologia de gênero"

---

[35] A caracterização da "ideologia de gênero" enquanto um sintagma é feita por Rogério Junqueira (2017) para destacar sua falta de precisão conceitual e seu uso fortemente voltado para a criação do pânico moral.

–, com a finalidade de denunciar um suposto caráter doutrinário que a abordagem das relações de gênero, sexualidade e diversidade sexual poderia ter na formação moral de crianças e adolescentes, criando um verdadeiro pânico nas famílias em relação a essa temática. Pânico injustificado, porque gênero não é uma ideologia, mas sim um conceito que procura ampliar o debate sobre a qualidade da educação; democrática e acolhedora de todos e todas, independentemente de seu pertencimento racial, étnico, religioso ou de gênero. A intenção nunca foi ensinar como ser menino ou ser menina ou destruir a família como uma instituição, mas acolher todas as formas de ser menino ou menina ou qualquer modelo de organização familiar.

Foram diversos os embates, em que se criou um contra-ataque a uma suposta dissolução dos papéis sociais de homens e mulheres e, consequentemente, da família nuclear e da sociedade, em nome da defesa do "conceito de 'natureza humana' como decorrente de uma 'lei natural' dada por Deus, comprovada pela biologia e inalterável é peça fundamental na argumentação que sustenta a condenação do gênero qualificado como uma 'ideologia', com forte conotação negativa" (ROSADO-NUNES, 2015, p. 1250).

Este enfrentamento teve como resultado a exclusão desses termos não só do PNE, como também de parte dos planos estaduais e municipais de educação. Mas, novamente, vale ressaltar o caráter não linear desse processo.

Resultados ainda preliminares de pesquisa em andamento[36] sobre as distintas influências do veto e/ou manutenção das questões de gênero e diversidade sexual nos planos estaduais e distrital de educação, promulgados entre 2014 e 2016, já dão pistas do caráter contraditório das articulações entre as matrizes de gênero, sexualidade e diversidade sexual na elaboração dos Planos Estaduais de Educação.

Dos 26 estados brasileiros, dois (RJ e MG) não terminaram a votação. Dos 24 estados restantes, apenas cinco não mencionam de forma alguma a palavra gênero (TO; AP; PE; GO e SP).

---

[36] A pesquisa em andamento conta com apoio do CNPq/PQ e levantou informações por meio das plataformas digitais públicas dos legislativos estaduais e distrital, contando com a imprescindível contribuição de Alexandre Bortolini.

Ou seja, são atualmente 19 estados e mais o Distrito Federal que fazem menção ao gênero (RO; AC; AM; RR; AP; PA; BA; PI; MA; CE; RN; PB; PE; AL; SE; MT; MS; ES; PR; SC; RS). Alguns desses Planos Estaduais de Educação falam explicitamente da inclusão de questões do campo do gênero e da sexualidade no currículo, como é o caso do Plano Estadual de Educação de Roraima, que prevê programas de ação afirmativa, acesso e permanência no ensino superior para pessoas de diferentes orientações sexuais. Já os estados de Mato Grosso, Mato Grosso do Sul, Maranhão, Pará, Amazonas e Bahia propõem a inclusão das temáticas de gênero, sexualidade e direitos humanos no currículo escolar da educação básica e na formação docente.

No caso do Plano Estadual de Educação de Mato Grosso, a referência é mais extensa e indica oferta de formação continuada aos profissionais de educação "referente a gênero, sexualidade e orientação sexual, dentro do segmento diversidade, visando ao enfrentamento do sexismo e da homofobia/lesbofobia/transfobia na perspectiva dos direitos humanos".

Protagonizamos, portanto, uma verdadeira luta ao longo de várias décadas para a garantia de algumas das conquistas na área das políticas públicas de educação relativas à consolidação do conceito de gênero como uma categoria analítica capaz de produzir conhecimento histórico e descortinar caminhos para uma crítica mais incisiva às características tidas pela tradição como naturalmente masculinas ou femininas e às afirmações biológicas sobre corpos, comportamentos e habilidades de mulheres e homens e sobre diferenças sociais, destacando o caráter socialmente construído do conhecimento científico. Claro que isso significa o enfrentamento de ações de controle e interferência de setores conservadores em geral, e mais especificamente pentecostais e integrantes da igreja católica, na educação formal utilizando o gênero como disputa por direitos e concepções nos campos da politica educacional.

Mas os dizeres de Joan Scott (2011) em seu último livro servem de inspiração: para poder pensar o futuro e enfrentar os desafios, necessitamos aceitar a perda. No caso da trajetória de pesquisa e análise sobre o processo de democratização da educação na intersecção com a produção de políticas públicas educacionais com base na perspectiva de gênero – aqui recuperada –, considero imprescindível reconhecer que o lugar do gênero e da diversidade sexual nas políticas públicas de educação é um lugar que nunca existiu de fato.

É, por definição, um caminho de luta e de resistência que, como tal, continua por ser feito. As conquistas, assim como as identidades, não são fixas. A desilusão ou até mesmo a nostalgia dos ganhos agora negados não podem nos impedir de ver e ouvir nossas e outras vozes conflitivas e críticas que apontam os limites desse processo e perseguem novas metas, enfrentam novos desafios, atentas para o que também vem sendo construído (e não só destruído) em nossas escolas.

Referências

ABRAMOWICZ, Anete; GOMES, N. L. *Educação e raça: perspectivas políticas, pedagógicas e estéticas*. Belo Horizonte: Autêntica, 2010. v. 1.

ALTMANN, Helena. Orientação sexual nos Parâmetros Curriculares Nacionais. *Estudos Feministas*, Rio de Janeiro, v. 9, n. 2, p. 575-585, 2001.

ANDRADE, Teresa Cristina Bruno. *Dos temas transversais à apropriação/ vivência de valores: uma proposta de qualidade socioeducacional*. Marília: UESP, 2004. Dissertação (Mestrado em Educação) – Faculdade de Filosofia e Ciências, Universidade Estadual Paulista, Marília, 2004.

APPAY, Beatrice. Questions i la sociologie du travail et des professions: l'autonomie controlee, *Les cahiers du Gedisst*. Paris: IRESCO, 1993.

APPLE, Michael W. *Trabalho docente e textos: economia política das relações de classe e de gênero em Educação*. Porto Alegre: Artes Médicas, 1995.

ARAÚJO, Helena Costa. As mulheres professoras e o ensino estatal. *Crítica de Ciências Sociais*, n. 29, p. 81-103, 1990.

ARELARO, Lisete Regina Gomes. Neoliberalismo e Educação. *Revista da Ande*, São Paulo, 1997.

ASSUNÇÃO, Maria Madalena S.; TEIXEIRA, Alessandra Luisa. Relações de gênero: em sintonia com os PCN. *Amae Educando*, Belo Horizonte, n. 295, p. 41-45, 2000.

AZEVEDO, Nara; FERREIRA, Luiz Otávio. Modernização, políticas públicas e sistema de gênero no Brasil: educação e profissionalização feminina entre as décadas de 1920 e 1940. *Cadernos Pagu*, Campinas, n. 27, p. 213-254, 2006.

BARRETTO, Elba Siqueira de Sá. As reformas curriculares no ensino básico: algumas questões. *Difusão de Ideias*, São Paulo: Fundação Carlos Chagas, dez. 2006. Disponível em: <http://www.fcc.org.br/ conteudosespeciais/difusaoideias/pdf/congresso_reformas_curriculares.pd>. Acesso em: 10 nov. 2010.

BEISIEGEL, Celso de Rui. *Ação política e expansão da rede escolar*. São Paulo: CRPE, 1964. (Pesquisa e Planejamento, 8).

BEZERRA, Giovani Ferreira; ARAUJO, Doracina Aparecida de Castro. Novas (re)configurações no Ministério da Educação: entre o fio de Ariadne e a mortalha de Penélope. *Revista Brasileira de Educação*, v. 19, n. 56, p. 101-122, jan./mar. 2014.

BLASS, Leila. Gênero e trabalho: trajetórias de uma problemática. *III Congresso luso-afro-brasileiro de Ciências Sociais*. Universidade de Lisboa, jul., 1994, mimeo.

BOSCHI, Renato Raul. *A Arte da associação:* política de base e democracia no Brasil. Rio de Janeiro: Vértice; IUPERJ, 1987.

BORRILLO, Daniel. *Homofobia.* Barcelona: Bellaterra, 2001.

BRASIL. Lei nº 5.692, de 11 de Agosto de 1971. Fixa Diretrizes e Bases para o Ensino de 1º e 2º graus e dá outras providências. *Coletânea da Legislação Estadual de Ensino,* Curitiba: Secretaria Educacional do Estado do Paraná (SEEC) – Fundepar, 1971.

BRASIL. Parecer nº 2.264, de 06 de agosto de 1974. Ensino (1º e 2º graus) Educação da Saúde. Programas de Saúde. *Revista Documenta,* Brasília, n. 165, p. 63-81, 1974.

BRASIL. *Constituição da República Federativa do Brasil.* Brasília, DF: Senado, 1988.

BRASIL. Lei nº 9.394, de 20 de dezembro de 1996. Estabelece as Diretrizes e Bases da Educação Nacional. *Diário Oficial [da República Federativa do Brasil],* Brasília, DF, v. 134, n. 248, 23 dez. 1996. Disponível em: <wwwt.senado.gov.br/legbras>. Acesso em: 1º maio 2018.

BRASIL. *Parâmetros Curriculares Nacionais:* ensino fundamental. Brasília, DF: MEC/SEF, 1997. Disponível em: <www.mec.gov.br/sef/sef/pcn.shtm>. Acesso em: 1º maio 2018.

BRASIL. *Referencial curricular nacional para a educação infantil.* Brasília, DF: MEC/SEF, 1998. Disponível em: <portal.mec.gov.br/seb/arquivos/pdf/rcnei>. Acesso em: Acesso em: 1º maio 2018.

BRASIL. *Documento de apresentação da Secretaria de Educação Continuada, Alfabetização e Diversidade/Secad.* Brasília: MEC/Secad, 2004a. Disponível em: <http://portal.mec.gov.br/secretaria-de-educacao-continuada-alfabetizacao-diversidade-e-inclusao/apresentacao>. Acesso em: 1º maio 2018.

BRASIL. *Brasil sem Homofobia: Programa de combate à violência e à discriminação contra GLTB e promoção da cidadania homossexual.* Brasília: Ministério da Saúde/CNDC, 2004b. Disponível em: <http://bvsms.saude.gov.br/bvs/publicacoes/brasil_sem_homofobia.pdf>. Acesso em: 1º maio 2018.

BRASIL, *Termo de Referência. Instruções para apresentação e seleção de projetos de capacitação/formação de profissionais da educação para cidadania e a diversidade sexual.* Brasília: Ministério da Educação/Secad, 2005. Disponível em: <http://portal.mec.gov.br/secad/arquivos/pdf/termo_ref.pdf>. Acesso em: 1º maio 2018.

BRASIL. *Termo de referência. Instruções para apresentação e seleção de Projetos de Formação de Profissionais da Educação para a promoção da cultura de reconhecimento da diversidade sexual e da igualdade de gênero.* Brasília: Ministério da Educação/Secad, 2006. Disponível em: <http://portal.mec.gov.br/secad/arquivos/pdf/termo_ref.pdf>. Acesso em: 1º maio 2018.

BRASIL. Gênero e Diversidade Sexual na Escola: reconhecer diferenças e superar preconceitos. *Cadernos Secad 4*. Brasília: MEC/Secad, 2007. Disponível em: <http://pronacampo.mec.gov.br/images/pdf/bib_cad4_gen_div_prec.pdf>. Acesso em: 1º maio 2018.

BRASIL, *Edital Nº 06 de 1º de abril de 2009*. Brasília: Secad/MEC 1º de abr, 2009.

BRASIL. Decreto de Lei nº 7.480, de 16 de maio de 2011. Aprova a Estrutura Regimental e o Quadro Demonstrativo dos Cargos em Comissão do Grupo-Direção e Assessoramento Superiores - DAS e das Funções Gratificadas do Ministério da Educação e dispõe sobre remanejamento de cargos em comissão. *Diário Oficial da União*, Brasília, DF, Diário Oficial da União, Seção 1, p. 1, 17 de mai, 2011.

BRASIL, *Relatório de Gestão – Exercício de 2013 da Secadi*. Brasília, DF, MEC/Secadi, março de 2014a.

BRASIL. Decreto de Lei nº 13.005, de 25 de junho de 2014. Aprova o Plano Nacional de Educação (PNE) e dá outras providências. *Diário Oficial [da] República Federativa do Brasil*, Brasília, DF, n. 120- A, p. 1, 26 jun. 2014b.

BRASIL. Instituto Nacional de Estudos e Pesquisas Educacionais Anísio Teixeira. *Censo Educacional*. Brasília: INEP: 1999. Disponível em: <http//www.inep.gov.br>.

BRASIL. Instituto Nacional de Estudos e Pesquisas Educacionais Anísio Teixeira. *Estudo exploratório sobre o professor brasileiro com base nos resultados do Censo Escolar da Educação Básica 2007*. Brasília: INEP, 2009. Disponível em: < http://portal.mec.gov.br/dmdocuments/estudoprofessor.pdf>. Acesso em: 15 maio 2015.

BRASIL. Instituto Nacional de Estudos e Pesquisas Educacionais Anísio Teixeira. *Sinopse Estatística da Educação Básica 2016*. Brasília: INEP, 2017a. Disponível em: http://portal.inep.gov.br/sinopses-estatisticas-da-educacao-basica. Acesso em: 08/10/2017.

BRASIL. Instituto Nacional de Estudos e Pesquisas Educacionais Anísio Teixeira. *Censo da Educação Superior 2016: Notas estatísticas*. Brasília: INEP, 2017b. Disponível em: http://portal.mec.gov.br/index.php?option=-com_docman&view=download&alias=71221-notas-sobre-censo-educacao-superior-2016-pdf&category_slug=agosto-2017-pdf&Itemid=30192>. Acesso em: 08/10/2017.

BRUSCHINI, Cristina; AMADO, Tina. Estudos sobre mulher e educação: algumas questões sobre o magistério. *Cadernos de Pesquisa*, São Paulo, n. 64, p. 4-13, fev. 1988.

BUTLER, Judith. *Gender Trouble*: Feminism and the Subversion of Identity. New York; London: Routledge; Champman & Hall, 1990.

BUTLER, Judith. Performatividad, precariedad y políticas sexuales. *Revista de Antropología Iberoamericana*, Madrid: Antropólogos Iberoamericanos en Red, v. 4, n. 3, p. 321-36, set./dez. 2009.

CALDAS, C. A. A. *A escola faz diferença?* Um estudo da produção discursiva das homossexualidades por professores de ensino médio. Belém: UFP, 2007. Dissertação (Mestrado em Educação), Universidade Federal do Pará, Belém, 2007.

CAMPOS, Maria Malta. *Escola e participação popular: a luta por educação elementar em dois bairros de São Paulo.* São Paulo: USP, 1982. Tese (Doutorado em Ciências Sociais) – Faculdade de Filosofia, Letras e Ciências Humanas, Universidade de São Paulo, , São Paulo, 1982.

CAMPOS, Maria M. Malta. As lutas sociais e a educação. *Cadernos de Pesquisa*, São Paulo, n. 79, p. 56-64, nov. 1991.

CANESIN, Maria Tereza. *Um protagonista em busca de interlocução: um resgate da história do movimento de professores da rede pública de 1º e 2º graus em Goiás, na conjuntura 1979/1989.* São Paulo: PUC, 1993. Tese (Doutorado em História e Filosofia da Educação) – Programa de Pós-Graduação em História e Filosofia da Educação, Pontifícia Universidade Católica de São Paulo, São Paulo, 1993.

CAPPELLIN, Paola. Viver o sindicalismo no feminino. *Estudos Feministas*, Rio de Janeiro: CIEC/ECO/UFRJ, [n. especial], p. 271-290, 2. sem. 1994.

CARDOSO, Ruth C. Leite. Apresentação. In: KOWARICK, Lúcio (Org.). *As lutas sociais e a cidade: São Paulo passado e presente.* Rio de Janeiro: Paz e Terra, 1988. p. 12-15.

CARREIRA, Denise. *Igualdade e diferenças nas políticas educacionais: a agenda das diversidades nos governos Lula e Dilma.* São Paulo: USP, 2015. Tese (Doutorado em Educação) – Faculdade de Educação, Universidade de São Paulo, São Paulo, 2015.

CARVALHO, Marília Pinto de. *Uma identidade plural: estudo de uma escola na região metropolitana de São Paulo.* São Paulo: PUC, 1991. Dissertação (Mestrado em História e Filosofia da Educação) – Programa de Pós-Graduação em História e Filosofia da Educação, Pontifícia Universidade Católica de São Paulo, São Paulo, 1991.

CARVALHO, Marília; VIANNA, Cláudia. Educadoras e mães de alunos: um (des)encontro. In: BRUSCHINI, C.; SORJ, B. (Org.). *Novos olhares: mulheres e relações de gênero no Brasil.* São Paulo: Marco Zero; Fundação Carlos Chagas, 1994. p. 133-158.

CARVALHO, Marília Pinto de. *No coração da sala de aula: gênero e trabalho docente nas séries iniciais.* São Paulo: Xamã, 1999.

CASTELLS, Manuel. *A era da informação: economia, sociedade e cultura.* São Paulo: Paz e Terra, 1999. v. II: O poder da identidade.

CASTRO, Mary Garcia. Alquimia de categorias sociais na produção de sujeitos políticos. *Estudos Feministas*, Rio de Janeiro: CIEC; ECO; UFRJ, n. 0, p. 57-73, 1992.

CASASSUS, Juan. A reforma educacional na América Latina no contexto de globalização. *Cadernos de Pesquisa*, São Paulo, n. 114, p. 7-28, nov. 2001.

COLETO, Maytê Gouveia. *Abordagens dos Direitos Reprodutivos em Materiais Didáticos para a Formação Continuada de Educadoras(es)*: uma análise a partir dos editais da Secad. Presidente Prudente: UNESP, 2012. Dissertação (Mestrado em Educação) – Faculdade de Ciências e Tecnologia, Universidade Estadual Paulista Júlio de Mesquita Filho, Presidente Prudente, 2012.

COSTA, Ramiro Marinho. *Sexualidade como tema transversal: a estruturação da educação sexual nos Parâmetros Curriculares Nacionais*. Florianópolis: UFSC, 2001. Dissertação (Mestrado em Educação) – Programa de Pós-Graduação em Educação do Centro de Ciências da Educação, Universidade Federal de Santa Catarina, Florianópolis, 2001.

CUNHA, Luiz Antônio. *Educação, Estado e democracia no Brasil*. São Paulo; Niterói; Rio de Janeiro; Brasília: Cortez; Da8; UFF; FLACSO do Brasil, 1991.

CUNHA, Luiz Antônio. As agências financeiras internacionais e a reforma brasileira do Ensino Técnico: a crítica da crítica. In: ZIBAS, D. M. L.; AGUIAR, M. A. S.; BUENO, M. S. S. (Orgs.) *O ensino médio e a reforma da educação básica*. Brasília: Plano, 2002. p. 103-134.

DANILIAUSKAS, Marcelo. *Relações de gênero, diversidade sexual e políticas públicas de educação: uma análise do Programa Brasil Sem Homofobia*. São Paulo: USP, 2011. Dissertação (Mestrado em Educação) – Universidade de São Paulo, Faculdade de Educação, São Paulo, 2011.

DEMARTINI, Zeila de Brito Fabri, ANTUNES, Fátima Ferreira. Magistério primário: profissão feminina, carreira masculina. *Cadernos de Pesquisa*. São Paulo, n.86, p. 5-14, ago. 1993.

DESLANDES, Keila. *Formação de professores e Direitos Humanos: construindo escolas promotoras da igualdade*. Belo Horizonte: Autêntica, 2016.

EPSTEIN, Debbie; JOHNSON, Richard. *Sexualidades e institución escolar*. Madrid; A Coruña: Morata; Fundación Paideia, 2000.

EZPELETA, Justa; ROCKWELL, Elsie. *Pesquisa participante*. São Paulo: Cortez; Autores Associados, 1986.

EZPELETA, Justa. La escuela y los maestros: entre el supuesto y la deducción. *Cuadernos de Investigación Educativa*, México, n. 20, p. 1-64, set. 1986.

FAUSTO-STERLING, Anne. Sexing the Body: Gender Politics and the Construction of Sexuality. New York: Basic Books, 2000.

FAVA, Carolina Andaló. *Sexualidade como tema transversal nas escolas: da teoria à prática*. Florianópolis: UFSC, 2004. Dissertação (Mestrado em Psicologia) – Instituto de Psicologia, Universidade Federal de Santa Catarina, Florianópolis, 2004.

FERNANDES, Felipe B. M. *Agenda anti-homofobia na educação brasileira (2003-2010)*. Florianópolis: UFSC, 2011. Tese (Doutorado em Ciências

Humanas) – Centro de Filosofia e Ciências Humanas, Universidade Federal de Santa Catarina, Florianópolis, 2011.

FERREIRA, Rodolfo dos Santos. *Entre o sagrado e o profano*: o lugar social do professor da cidade do Rio de Janeiro. Rio de Janeiro: UFRJ, 2011. Dissertação (Mestrado em Educação) – Faculdade de Educação, Universidade Federal do Rio de Janeiro, Rio de Janeiro, 1994.

FIGUEIRÓ, Mary Neide Damico. Revendo a história da educação sexual no Brasil: ponto de partida para a construção de um novo rumo. *Nuances: estudos sobre educação*, Presidente Prudente, v. 4, p. 123-133, 1998.

FONSECA, Marília. O Banco Mundial e a educação brasileira: uma experiência de cooperação internacional. In: OLIVEIRA, Romualdo P. (Org.) *Política educacional: impasses e alternativas*. São Paulo: Cortez, 1998, p. 85-122.

FRANÇA, Lindamara da Silva. *Educação Sexual: uma análise da concepção dos professores de duas escolas estaduais do ensino fundamental de Curitiba*. Tuiuti: UTP, 2008. Dissertação (Mestrado em Educação – Programa de Pós-Graduação em Educação, Linha de Práticas Pedagógicas: elementos articuladores, Setor de Ciências Humanas, Letras e Artes, Universidade Tuiuti do Paraná, Tuiuti, 2008.

FRASER, Nancy. Redistribuição, reconhecimento e participação: por uma concepção integrada da justiça. In: SARMENTO, Daniel; PIOVESAN, Flávia (Orgs.). *Igualdade, diferença e direitos humanos*. Rio de Janeiro: Lúmen Júris, 2008. p. 167-190.

FREITAG, Marcos José Clivatti. *Gênero e sexualidade nas diretrizes curriculares para a educação brasileira*. Blumenau: FURB, 2004. Dissertação (Mestrado em Educação) – Programa de Pós-Graduação em Educação – PPGE, Universidade Regional de Blumenau, Blumenau, 2004.

FUNDAÇÃO SEADE. Anuário Estatístico do Estado de São Paulo. São Paulo, 1982 e 1989.

FURLANI, Jimena. Direitos humanos, direitos sexuais e pedagogia queer: o que essas abordagens têm a dizer à Educação Sexual? In: JUNQUEIRA, Rogério. (Org.). *Diversidade sexual na Educação*: problematizações sobre a homofobia nas escolas. Brasília: MEC/Secad/Unesco, 2009, p. 293-323.

GARCIA, Osmar Arruda. *Marcas da experiência na formação docente em gênero e diversidade sexual, um olhar sobre o curso "Gênero e Diversidade na Escola" (GDE)*. São Paulo: USP, 2015. Dissertação (Mestrado em Educação) – Faculdade de Educação, Universidade de São Paulo, São Paulo, 2015.

GEERTZ, Clifford. *La interpretación de las culturas*. México: Gedisa, 1987.

GOFFMAN, Erving. *Relations in public*. New York: Basic Books, 1971.

GOMES, Nilda Lino. Diversidade étnico-racial, inclusão e equidade na educação brasileira: desafios, políticas e práticas. *Revista Brasileira de Política e Administração da Educação*, Goiânia, v. 27, n. 1, p. 109-121, jan./abr. 2011.

GONINI, F. A. C. *A produção em sexualidade, gênero e educação sexual na ANPED: estudo analítico-descritivo a partir do estado da arte como opção metodológica*. Araraquara: UNESP, 2014. Tese (Doutorado em Educação Escolar) – Faculdade de Ciências e Letras, Universidade Estadual Paulista, Araraquara, 2014.

GRÖSZ, Dirce Margarete. *Representações de gênero no cotidiano de professoras e professores*. Brasília: UNB, 2008. Dissertação (Mestrado em Educação) – Faculdade de Educação, Universidade de Brasília, DF, 2008.

GULO, F. H. *Educação sexual na escola e juventude: um estudo das pesquisas acadêmicas no Brasil (2000-2004)*. Presidente Prudente: UNESP, 2010. Dissertação (Mestrado em Educação) – Faculdade de Educação, Universidade Estadual Paulista, Presidente Prudente, 2010.

HABERMAS, Jurgen. *Teoria de la acción comunicativa*. Madrid: Taurus, 1987.

HADDAD, Lenira. A relação creche-família: relato de uma experiência. *Cadernos de Pesquisa*, São Paulo, n. 60, p. 70-78, fev. 1987.

HARAWAY, Donna. "Gênero" para um dicionário marxista: a política sexual de uma palavra. *Cadernos Pagu*, Campinas, n. 22, p. 201-46, 2004.

HIRATA, Helena; KERGOAT, Danièle. Novas configurações da divisão sexual do trabalho. *Caderno Pesquisa*. São Paulo, v. 37, n. 132, p. 595-609, dec. 2007.

JACOBI, Pedro. Movimentos Sociais Urbanos: os desafios da construção da cidadania. *Cadernos do CEA*, Salvador, n. 129, p. 34-44, set./out. 1990.

JOIA, Orlando *et al*. *APEOESP 10 anos, 1978-1988: memória do Movimento dos Professores do ensino público estadual paulista*. São Paulo: CEDI, 1993.

FALTA JOHNSON Richard Johnson é co-autor com Epstein, já consta em *Sexualidades e institución escolar*. Madrid; A Coruña: Morata; Fundación Paideia, 2000

JUNQUEIRA, Rogério Diniz. "Ideologia de gênero": a gênese de uma categoria política reacionária ou: a promoção dos direitos humanos se tornou uma "ameaça à família natural"? In: RIBEIRO, Paula Regina Costa; MAGALHÃES, Joanalira Corpes (Orgs.). Debates contemporâneos sobre Educação para a sexualidade. Rio Grande: Ed. da FURG, 2017. p. 25-52.

JORNAL DA APEOESP. São Paulo, n. 196, fev./mar. 1994. (Encarte Especial).

KLEIN, Harry Eduardo. *Os salários dos professores I e professores III do Estado de São Paulo*. São Paulo: USP, 1992. Dissertação (Mestrado em Educação) – Faculdade de Educação, Universidade de São Paulo, São Paulo, 1992.

KOERICH, Maria Cecília Takayama. *História de uma presença-ausente: sexualidade e gênero em cursos de pedagogia*. Santa Catarina: UFSC, 2007. Dissertação (Mestrado em Educação) – Programa de Pós-Graduação em

EducaçãoCentro de Ciências da Educação, Universidade Federal de Santa Catarina, Santa Catarina, 2007.

LEFEBVRE, Henri. *Le Manifeste Differencialiste*. Paris: Gallimard, 1970.

LELIS, Isabel. A construção social do magistério: imagens em movimento. *Revista do Programa de Estudos Pós-Graduados em História e do Departamento de História da PUC-SP*, São Paulo, p. 101-114, 1994.

LIRA, Andréia Maria Silva. *O tema transversal "orientação sexual" nos PCN e atitude dos professores: convergentes ou divergentes?* Recife: UFRPe, 2009. Dissertação (Mestrado em Educação) – Programa de Pós-Graduação do Departamento de Educação, Universidade Federal Rural de Pernambuco, Recife, 2009.

LOBO, Elisabeth Souza. *A classe operária tem dois sexos: trabalho, dominação e resistência*. São Paulo: Brasiliense; SMC, 1991.

LOURO, Guacira Lopes. Magistério de 1º grau: um trabalho de mulher. *Educação e Realidade*, Porto Alegre, v. 14, n. 2, p. 31-9, jul/dez. 1989.

LOUZANO, Paula et al. Quem quer ser professor? Atratividade, seleção e formação docente no Brasil. *Estudos de Avaliação Educacional*, São Paulo, v. 21, n. 47, p. 543-568, set./dez. 2010.

MADSEN, Nina. *A construção da agenda de gênero no sistema Educacional Brasileiro (1996-2007)*. Brasília: UNB, 2008. Dissertação (Mestrado em Sociologia) – Departamento de Sociologia, Universidade de Brasília, Brasília, 2008.

MAINARDES, Jefferson. A abordagem do ciclo de políticas: uma contribuição para a análise das políticas educacionais. *Educação & Sociedade*, Campinas, v. 27, n. 94, p. 47-69, jan./abr. 2006.

MARCHI, Maria Cristina França. *Orientação sexual como tema transversal: um estudo exploratório sobre representações de professoras*. São Paulo: USP, 2000. Dissertação (Mestrado em Psicologia) – Instituto de Psicologia, Universidade de São Paulo, São Paulo, 2000.

MEAD, George. *Mind, Self and Society*. Chicago: University of Chicago Press, 1934.

MELUCCI, Alberto. Mouvements sociaux, mouvements post-politiques. *Revue Internationale d'action communautaire*, Canadá, n. 10/50, p. 13-31 e 41-44, 1983.

MELUCCI, Alberto (Org.). *Altri Codici: aree di movimento nella metropoli*. Bologna: Il Mulino, 1984.

MELUCCI, Alberto. Sul coinvolgimento individuale nell'azione colletiva. *Rassegna italiana di sociologia*, ano XXVIII, n. 1, p. 29-53, genn./mar. 1987.

MELUCCI, Alberto. *Culture in gioco: differenze per convivere*. Milano: Saggiatore, 2000.

MELUCCI, Alberto. *Invenção do presente*: movimentos sociais nas sociedades complexas. Petrópolis: Vozes, 2001.

MELUCCI, Alberto. *O jogo do eu*. Porto Alegre: Unisinos, 2004.

MOISÉS, José Álvaro. *Classes populares e protesto urbano*. São Paulo: USP, 1978. Tese (Doutorado em Ciência Política) – Faculdade de Filosofia, Letras e Ciências Humanas, Universidade de São Paulo, São Paulo, 1978.

MOKWA, Valéria M. N. F. *Estado da arte sobre sexualidade e educação sexual: estudo analítico-descritivo de teses e dissertações produzidas na Universidade Estadual Paulista*. Araraquara: UNESP, 2014. Tese (Doutorado em Educação Escolar) – Faculdade de Ciências e Letras, Universidade Estadual Paulista, Araraquara, 2014.

MORGADE, Graciela. *Mujeres en la educación*. Género y docencia en la Argentina 1870-1930. Buenos Aires: Miño y Dávila Editores, 1997.

MOSTAFA, Maria. *Professoras na encruzilhada entre o público e o privado: o curso Gênero e Diversidade na Escola*. Rio de Janeiro: UERJ, 2009. Dissertação (Mestrado em Saúde Coletiva) – Centro Biomédico do Instituto de Medicina Social, Universidade do Estado do Rio de Janeiro, Rio de Janeiro, 2009.

NASCIMENTO, Elimar Pinheiro do. Transição política: antecedentes, natureza e cenários. *Sociedade e Estado*, Brasília, v. 4, n. 1, p. 7-21, jan./jun. 1989.

NICHOLSON, Linda. Interpretando o gênero. *Estudos Feministas*, v. 8, n. 2, p. 9-41, 2000.

NÓVOA, António. Os professores e as histórias de sua vida. In: NÓVOA, António (Org.). *Vidas de professores*. Portugal: Porto, 1992.

O'DONNEL, Guilhermo. Anotações para uma teoria do Estado (I). *Revista de Cultura e Política*, Rio de Janeiro: CEDEC; Paz e Terra, v. 3, p. 71-93, nov. 1980.

O'DONNEL, Guilhermo. Anotações para uma teoria do Estado (II). *Revista de Cultura e Política*, Rio de Janeiro: CEDEC; Paz e Terra, v. 4, fev. 1981, p. 71-82.

OLIVEIRA, Francisco de. Medusa ou as classes médias e a consolidação democrática. In: REIS, Fábio Wanderley; O'DONNEL, Guilhermo (Orgs.). *Dilemas e perspectivas*. São Paulo: Vértice, 1988. p. 283-295.

OLIVEIRA, Romualdo Portella de. Professorado e sindicato: do sacerdote ao trabalho assalariado. *Escola Brasileira: temas e estudos*, São Paulo: Atlas, p. 144-160, 1987.

PAIVA, Vera. A política de AIDS no Brasil: dilemas que persistem. In: PARKER, Richard; CORRÊA, Sônia (Org.). *Sexualidade e política na América Latina*. Rio de Janeiro: ABIA, 2003. p. 101-103.

PARRÉ, Sandra Helena Gramuglia. *Aplicação dos Parâmetros Curriculares Nacionais na área de orientação sexual no ensino fundamental: um diagnóstico*. Bauru: UNESP, 2001. Dissertação (Mestrado em Educação para a

Ciência) – em Educação Para a Ciência, Universidade Estadual Paulista, Bauru, 2001.

PARSONS, Talcott. The Position of Identity in General Theory of Action. In: GORDON, C. E.; GERGEN, K. (Orgs.). *The Self in Social Interaction*. New York: Wiley, 1968. p. 11-23.

PAULA, Ricardo Pires de. *Entre o sacerdócio e a contestação*: uma história da Apeoesp (1945-1989). Assis: UNESP, 2007. Tese (Doutorado em História) – Faculdade de Ciências e Letras, Universidade Estadual Paulista, Assis, 2007.

PERALVA, Angelina Teixeira. *Reinventando a escola: a luta dos professores públicos do Estado de São Paulo na transição democrática*. 1992. Tese (Livre Docência) – Universidade de São Paulo, Faculdade de Educação, São Paulo, 1992.

PEREIRA, Luiz. *O magistério primário na sociedade de classe*. Boletim de Sociologia, São Paulo: FFLCH-USP, n. 277, 1963.

PEREIRA, Maria Elizabete; BRANDT, Maria Elisa. A efetivação de parcerias necessárias à construção de uma política de educação em gênero e diversidade. In: PEREIRA, Maria Eizabeth et al. (Orgs.). *Gênero e diversidade na escola*: formação de professores em gênero, sexualidade, orientação sexual e relações étnico-raciais. Brasília, Rio de Janeiro: SPM, 2007, p. 19-23.

PIROTTA, Katia C. Machado; PUPO, Lígia R.; BARBOZA; UNBEHAUM, Sandra; CAVASIN, Sylvia. *Educação Sexual na Escola e Direitos Sexuais e Reprodutivos – Avaliação da Política da Secretaria Municipal de Educação de São Paulo 2001 a 2005*. Relatório final de pesquisa. Ecos Comunicação em Sexualidade/Instituto de Saúde, São Paulo, 2006.

PIZZORNO, Alessandro. Identità e interesse. In: SCIOLLA, Loredana. *Identitá*: percorsi di analisi in sociologia. Torino: Rosenberg e Sellier, p. 63-88, 1983.

POULANTZAS, Nicos. *O Estado, o poder, o socialismo*. Rio de Janeiro: Graal, 1980.

REIS, Maria Cândida Delgado. Guardiãs do futuro: imagens do magistério de 1895 a 1920 em São Paulo. In: BRUSCHINI, Cristina; SORJ, Bila. *Novos olhares: mulheres e relações de gênero no Brasil*. São Paulo: Marco Zero; Fundação Carlos Chagas, 1994. p. 111-32.

RIBEIRO, Josely Ferreira. *Sexualidade na escola: um olhar sobre os Parâmetros Curriculares Nacionais*. Juiz de Fora: UFJF, 2009. Dissertação (Mestrado em Educação) – Faculdade de Educação, Universidade Federal de Juiz de Fora, Juiz de Fora, 2009.

RIZZATO, Liane Kelen. *Percepções de professores/as sobre gênero, sexualidade e homofobia*: pensando a formação continuada a partir de relatos da prática docente. São Paulo, USP, 2013. Dissertação (Mestrado em Educação) – Universidade de São Paulo, São Paulo, 2013.

ROCKWELL, Elsie. De huellas, bardas y veredas: una historia cotidiana en la escuela. *Cuadernos de Investigación Educativa*, México, 1982.

ROCKWELL, Elsie. *Reflexiones sobre el proceso etnográfico (1982-85)*. México: Centro de Investigación y de Estudios Avanzados del Instituto Politécnico Nacional/DIE, [s. d.].

ROSADO-NUNES, Maria José Fontelas. A "ideologia de gênero" na discussão do PNE: a intervenção da hierarquia católica. *Horizonte*, Belo Horizonte, v. 13, n. 39, p. 1237-1260, jul./set. 2015.

ROSEMBERG, Fúlvia; PIZA, Edith; MONTENEGRO, Thereza. *Mulher e educação formal no Brasil: estado da arte e bibliografia*. Brasília: INEP; REDUC, 1990.

ROSEMBERG, Fúlvia, AMADO, Tina. Mulheres na escola. *Cadernos de Pesquisa*, São Paulo, n. 80, p. 62-74, fev. 1992.

ROSEMBERG, Fúlvia. Educação formal e mulher: um balanço parcial. In: COSTA, A. de O.; BRUSCHINI, C. (Org.). *Uma questão de gênero*. Rio de Janeiro; São Paulo: Rosa dos Tempos; Fundação Carlos Chagas, 1992. p. 151-182.

ROSEMBERG, Fúlvia. A educação de mulheres jovens e adultas no Brasil. In: SAFFIOTI, Heleieth B.; MUÑOZ-VARGAS, Mônica (Orgs.). *Mulher brasileira é assim*. Rio de Janeiro; Brasília: Rosa dos Tempos; NIPAS; UNICEF, 1994.

ROSEMBERG, Fúlvia. Caminhos cruzados: educação e gênero na produção acadêmica. *Educação e Pesquisa*, São Paulo: FEUSP, p. 47-68, 2001.

ROSSI, Alexandre José. *Avanços e limites no combate à homofobia: uma análise do processo de implementação do Programa Brasil sem Homofobia*. Porto Alegre: UFRGS, 2010. Dissertação (Mestrado em Educação) – Faculdade de Educação, Universidade Federal do Rio Grande do Sul, Porto Alegre, 2010.

SADER, Eder. *Quando novos personagens entram em cena: experiências, falas e lutas dos trabalhadores da Grande São Paulo (1970-80)*. Rio de Janeiro: Paz e Terra, 1988.

SANTOS, Luciene Neves. *Corpo, gênero e sexualidade: educar meninas e meninos para além da homofobia*. Florianópolis: UFSC, 2008. Dissertação (Mestrado em Educação Física) – Centro de Desportos, Universidade Federal de Santa Catarina, Florianópolis, 2008.

SAYÃO, Yara. Orientação sexual na escola: territórios possíveis e necessários. In: AQUINO, Julio Groppa. *Sexualidade na escola*: alternativas teóricas e práticas. São Paulo: Summus, p. 107-117, 1997.

SCOTT, Joan Wallach. *Gender and the Politics of History*. New York: Columbia University Press, 1988.

SCOTT, Joan Wallach. Igualdad versus diferencia: los usos de la teoría postestructuralista. *Debate Feminista*, v. 5, p. 85-104, mar. 1992.

SCOTT, Joan Wallach. Prefácio a *Gender and Politics of History*. Cadernos Pagu, Campinas: Núcleo de Estudos de Gênero/UNICAMP, n. 3, p. 11-28, 1994.

SCOTT, Joan Wallach. Gênero: uma categoria útil para a análise histórica. *Educação & Realidade*, v. 20, n. 2, p. 71-99, jul./dez. 1995.

SCOTT, Joan W. *The Fantasy of Feminist History*. Durham: Duke University Press, 2011.

SILVA, Katia Krepsky Valladares. *Sexualidade feminina e docência*: desvelando tabus. Rio de Janeiro: UFF, 2009. Tese (Doutorado em Educação) – Faculdade de Educação, Universidade Federal Fluminense, Rio de Janeiro, 2009.

SILVA Jr. João R.; SGUISSARDI, Valdemar. *Novas faces da educação superior no Brasil*: reforma do Estado e mudança na produção. Bragança Paulista: EDUSF, 1999.

SILVA, Juan Carlos da. *A política educacional do governo José Serra (2007-2010): uma análise da atuação da APEOESP*. Campinas: UNICAMP, 2013. Dissertação (Mestrado em Educação) – Faculdade de Educação, Universidade Estadual de Campinas, Campinas, 2013.

SILVA, Sirlene Mota Pinheiro da. *A Mulher Professora e a Sexualidade*: representações e práticas no espaço escolar. São Luís: UFM, 2009. Dissertação (Mestrado em Educação) – Departamento de Educação. Universidade Federal do Maranhão, São Luís, 2009.

SIMÕES, Júlio Assis; FACCHINI, Regina. *Na trilha do arco-íris: do movimento homossexual ao LGBT*. São Paulo: Fundação Perseu Abramo, 2009.

SOUZA, Olga Lúcia Dias de. *Participação de professores em movimentos grevistas*: ressonâncias na organização do trabalho docente no cotidiano da escola pública. Rio de Janeiro: UFRJ, 1993. Dissertação (Mestrado em Educação) – Faculdade de Educação, Universidade Federal do Rio de Janeiro, Rio de Janeiro, 1993.

SOUZA, Aparecida Néri de. *Sou professor sim senhor!* Representações, sobre o trabalho docente, tecidas na politização do espaço escolar. Campinas: UNICAMP, 1993. Dissertação (Mestrado em Educação) – Faculdade de Educação, Universidade Estadual de Campinas, Campinas, 1993.

SPOSITO, Marilia Pontes. *O povo vai à escola: a luta popular pela expansão do ensino público em São Paulo*. São Paulo: Loyola, 1984. (Coleção Educação Popular, n. 2).

SPOSITO, Marilia Pontes. *A ilusão fecunda: a luta por educação nos movimentos populares*. São Paulo: USP, 1988. Tese (Doutorado em Educação) – Faculdade de Educação, Universidade de São Paulo, São Paulo, 1988.

STEPAN, Alfred. *Os militares: da abertura à nova República*. Rio de Janeiro: Paz e Terra, 1986.

TELLES, Vera da Silva. Movimentos sociais: reflexões sobre a experiência dos anos 70. In: SCHERER-WARREN, Ilse; KRISCHKE, Paulo J. (Orgs.). *Uma revolução no cotidiano? Os novos movimentos sociais na América do Sul*. São Paulo: Brasiliense, 1987.

TOURAINE, Alain. *Producion de la société*. Paris: Seuil, 1973.

TOURAINE, Alain. *Le retour de l'acteur*. Paris: Fayard, 1984.

TUCKMANTEL, Maísa Maganha. *A educação sexual: mas qual? Diretrizes para formação de professores em uma perspectiva emancipatória*. Campinas: UNICAMP, 2009. Tese (Doutorado em Educação) – Faculdade de Educação, Universidade Estadual de Campinas, Campinas, 2009.

UNBEHAUM, Sandra; CAVASIN, Silvia; GAVA, Thais. Gênero e sexualidade nos currículos de pedagogia. In: SEMINÁRIO INTERNACIONAL FAZENDO GÊNERO, 9., 2010, Florianópolis. *Anais eletrônicos...* Florianópolis: Universidade Federal de Santa Catarina, 2010. Disponível em: <http://www.fazendogenero.ufsc.br/9/resources/anais/1278171100_ARQUIVO_Gen_Sex_Curric_Ped_ST19_FG9.pdf>. Acesso em: 2 maio 2018.

VIANNA, Cláudia Pereira. *O sonho que nos move: mães de alunos do Movimento Estadual Pró-Educação na luta pela melhoria do ensino público*. São Paulo: PUC, 1992. Dissertação (Mestrado em História e Filosofia da Educação) – Programa de Pós-Graduação em História e Filosofia da Educação, Pontifícia Universidade Católica de São Paulo, São Paulo, 1992.

VIANNA, Cláudia. Magistério paulista e transição democrática: gênero, identidade coletiva e organização docente. *Revista Brasileira de Educação*, São Paulo: ANPEd, n. 3, p. 75-85, set./dez. 1996.

VIANNA, Cláudia Pereira. Entre o desencanto e a paixão: desafio para o magistério. In: BRUSCHINI, Cristina; HOLLANDA, Heloisa Buarque de. *Horizontes plurais: novos estudos de gênero no Brasil*. São Paulo, Fundação Carlos Chagas/Ed. 34, 1998. p. 315-342.

VIANNA, Cláudia Pereira. *Os nós do nós: crise e perspectivas da ação coletiva docente em São Paulo*. São Paulo: Xamã, 1999.

VIANNA, Cláudia; UNBEHAUM, Sandra. O gênero nas políticas públicas de educação. *Cadernos de Pesquisa*, São Paulo, v. 34, n. 121, p. 77-104, 2004.

VIANNA, Cláudia; UNBEHAUM, Sandra. Gênero na educação básica: quem se importa? Uma análise de documentos de políticas públicas no Brasil. *Educação & Sociedade*, Campinas, v. 28, n. 95, p. 407-28, maio/ago. 2006.

VIANNA, Cláudia; CARVALHO, Marília Pinto de; SCHILLING, Flávia Inês; MOREIRA, Fátima Salum. Gênero, sexualidade e educação formal no Brasil: uma análise preliminar da produção acadêmica entre 1990 e 2006. *Educação & Sociedade*, Campinas, v. 32, n. 115, p. 525-545, abr./jun. 2011.

VIANNA, Cláudia. *Estudos sobre gênero, sexualidade e políticas públicas de educação: das ações coletivas aos planos e programas federais*. Tese

(Livre-Docência) – Faculdade de Educação, Universidade de São Paulo, São Paulo, 2011.

VIANNA, Cláudia Pereira. A feminização do magistério na educação básica e os desafios para a prática e a identidade coletiva docente. In: YANNOULAS, Silvia C. (Coord.) *Trabalhadoras: análise da feminização das profissões e ocupações.* Brasília: Abaré, 2013. p. 159-180.

VIANNA, Cláudia. O movimento LGBT e as políticas de educação de gênero e diversidade sexual: perdas, ganhos e desafios. *Educação e Pesquisa,* São Paulo: FEUSP, v. 41, p. 791-806, 2015.

VIEIRA, Evaldo. *Os direitos sociais e a política social.* São Paulo: Cortez, 2007.

XAVIER FILHA, C. Educação para a sexualidade: carregar água na peneira? In: RIBEIRO, P. R. C.; SILVA, M. R. S.; GOELLNER, S. V. (Orgs.). *Corpo, gênero e sexualidade.* Rio Grande: FURG, 2009. p. 85-103.

YANNOULAS, Silvia C. ¿*Educar: una profesión de mujeres?* Buenos Aires: Kapelusz, 1996.

WEEKS, Jeffrey. *Sexuality.* Routledge: Ed. 2, 2003.

WILLIAMS, Christine L. *Still a man's world: men who do "women's work.* Berkeley: University of California Press, 1995.

ZAÏDMAN, Claude. La notion de féminisation: de la description statistique à l'analyse des comportaments. In: AUBERT, Nicole; ENRIQUEZ, Eugène; GAULEJAC, Vincent de. *Le Sexe du pouvoir: femmes, hommes et pouvoirs dans les organisations.* Paris: Desclée de Brouwer, 1986. p. 281-290.

ZARTH, Silvana Maria. *Temas transversais no ensino fundamental*: educação para a saúde e orientação sexual. Porto Alegre: PUC, 2013. Tese (Doutorado em Educação), Faculdade de Educação – Pontifícia Universidade Católica do Rio Grande do Sul, Porto Alegre, 2013.

Este livro foi composto com tipografia Minion Pro e
impresso em papel Off-Set 75g/m² na Formato Artes Gráficas.